유머와 언어, 칠레 음식을 사랑하는 유쾌한 비판적 사상가,
로버트 존 바로스에게 이 책을 바칩니다.

로드리고 라라 세라노
저널리스트이자 작가. 칠레 라틴아메리카 지역 사회 과학 연구소(FLACSO-Chile)에서
사회학자인 카를로스 카탈란 베르토니 교수 지도 하에 연구 보조원으로 있었다.
저서로는 《바이러스 넌 누구냐?》《기후 위기, 긴급 처방이 필요해!》가 있다.

솔레 세바스티안
UTEM에서 디자인을 전공했다. 2021년 그림책《파란 고양이》로 벌새상을 수상했고,
《네 머리는 훌륭해》로 2020년 화이트 레이븐스에 선정되었다.
그림과 글을 통해 다양한 사람들의 삶을 공유하는 데 힘쓰고 있다.

조민경
윤리교육과 영어교육을 공부했다. 현재 서울 동양고등학교 윤리 교사이며,
메가스터디 생활과 윤리 연구소 <현자의 돌>에서 연구 활동을 하고 있다.

임수민
메가스터디의 생활과 윤리 연구소인 <현자의 돌>을 운영하고 있다.
윤리 교사와 수험생들이 신뢰하는 전문가로, 생활과 윤리 학습서 베스트 셀러 1위인
《현자의 돌-생활과 윤리 시리즈》의 저자이다.

의심은 나의 힘! @2024

초판 1쇄 발행일·2024년 2월 20일
글·로드리고 라라 세라노 | 그림·솔레 세바스티안 | 옮긴이·조민경, 임수민
펴낸이·윤은숙 | 펴낸 곳·(주)느림보
편집·이선영 | 디자인·윤미정
등록일자·1997년 4월 17일 | 등록번호·제10-1432호
주소·경기도 파주시 탄현면 헤이리마을길 48-45
전화·편집부 (031)949-8761 | 팩스·(031)949-8762
블로그·https://blog.naver.com/nurimbo_pub
인스타그램·instagram.com/nurimbo_pub
ISBN·978-89-5876-254-6 74170

¡Nosotros pensamos!
@Text Rodrigo Lara Serrano
@Illustrations Sole Sebastian
@La Bonita Ediciones, 2022

Korean translation copyright @ 2024 by Nurimbo Publishing Co.
through VLP Agency, Chile (www.vlp.agency) & Amo Agency, Korea

이 책의 한국어판 저작권은 AMO 에이전시를 통한 La Bonita Ediciones와의 독점계약에 의하여 ㈜느림보에 있습니다.
신 저작권법에 의하여 한국 내에서 보호를 받는 저작물이므로 무단전재와 무단복제를 금합니다.

초등생을 위한
지식과 생각의 학교 ▼ 비판적 사고

의심은 나의 힘!

로드리고 라라 세라노 글 • 솔레 세바스티안 그림 • 조민경, 임수민 옮김

느림보

차례

Chapter 1
내 마음은 어디에 있을까?
6~13

Chapter 2
내가 말하고 있는데 끼어들어?
14~21

Chapter 3
사회적 지능, 호혜, 평판, 자아비판
22~29

Chapter 4
자기기만의 세계
30~37

Chapter 5
논쟁의 기술
38~45

Chapter 6
오류 대 오류
46~53

Chapter 7
여기 책임자는 누구야?
54~61

Chapter 8
디지털 시대의 비판적 사고
62~75

책 속의 용어들
76~77

생각하려면, 생각이 무엇인지 생각해야 해

안녕? 나는 니나야.

난 공평하지 않을 때 정말 화가 나. 내가 케이크 한 조각을 먹을 동안, 내 동생 마누는 세 조각이나 먹어버려. 정말 불공평해.

마누가 자기는 운동을 많이 했기 때문에 그래도 된대. 자기가 나보다 에너지를 더 많이 썼으니까 세 배는 더 먹어야 한다는 거지. 그런데 이건 핑계야. 마누는 학교에 가져간 간식을 먹지 않고 와. 왜냐고? 집에 돌아와서 달콤한 케이크와 아이스크림을 마음껏 먹을 속셈이니까. 사실 간식은 친구들에게 돈을 받고 팔아버렸어. 게임 아이템을 사려고 돈을 모으는 중이거든. 간식은 자기 거니까 자기 마음대로 할 수 있다고 생각해. 나한테는 엄마 아빠한테 절대로 말하지 말라고 신신당부했어.

내가 포켓몬 카드를 친구들에게 나눠준 걸 비밀로 해주겠다면서! 엄마 아빠가 알면 잔소리할까 봐 그냥 알겠다고 했는데, 생각할수록 짜증이 나.

사실 부당한 일은 많아. 내 의견을 솔직하게 말해달라더니, 정직하게 답하면 불같이 화를 내는 친구도 있어. 정말 어이가 없지. 엄마 아빠도 이상해. 인생은 스스로 독립적으로 생각하고 결정해야 한다고 말하면서도 막상 우리에게는 수천 년 전 옛날 사람들의 생각을 그대로 따르라고, 그게 규칙이라고 주장해. 앞뒤가 전혀 다른 말인데, 넌 이해가 가니? 난 뭐가 옳은지 자꾸 헷갈려.

그래서 난 나 스스로 생각하는 법을 터득하겠다고 결심했어. 생각은 어디에서 나오는 것일까? 또 생각의 옳고 그름을 결정하는 기준은 무엇일까? 난 정말 알고 싶어. 어른들이 왜 수천 년 동안 똑같은 생각만 앵무새처럼 반복하는지, 그 이유도 알고 싶어. 너도 그렇지?

> 생각이 어디에서 나오는지 궁금해!
>
> 비판하려면 확실한 근거가 있어야 해!

사람들은 왜
네 생각이 틀렸다고 하면
불같이 화를 낼까?

안녕? 난 마누야.

난 누가 내 문제에 참견하는 게 정말 싫어. 그런데 참견쟁이들은 내 문제가 꼭 나만의 문제가 아니라고 말해. 다른 사람들도 관계가 있다는 거지. 정말 이상해.

내 누나 니나도 못 말리는 참견쟁이야. 내 생각은 내 거니까 언제든 바꿀 수 있다고 했더니, 니나는 무슨 똥딴지같은 말을 하는지 모르겠다면서 벌컥 화를 내. 그게 그렇게 화낼 일이야? 난 마음이 자유로운 상태에 있는 걸 좋아하는데, 왜 그걸 이해하지 못해? 우리 학교 농구 코치님은 니나보다 한술 더 떠. 경기에서 혼란스럽게 치고 달리면 거의 항상 우리 팀이 이기는데, 그러면 코치님은 불같이 화를 내. 왜 훈련한 대로 하지 않느냐면서 호통을 치는 거야. 코치님 지시대로만 하면 거의 패배하는 경기가 많아. 정말 난 자유로운 혼란 상태가 좋아.

난 뭐든지 빨리빨리 결정해. 그리고 그 결정을 자주 바꿔. 내 친구는 내 생각이 뭔지 모르겠대. 뭐, 틀린 말은 아니야. 하지만 세상이 얼마나 빠르고 복잡하게 돌아가는데, 어떻게 한 가지만 생각해? 그랬더니 그 애는 이제부터 네 의견은 신경 쓰지 않겠다는 거야. 어차피 또 바뀔 거니까. 맞아! 하지만 난 괜찮아. 그 애의 말은 별로 중요하지 않아. 어차피 농구에 관해서는 귀담아들을 말이 없어.

내 이야기를 들은 니나가 물었어.

"속으로는 친구에게 화가 났구나? 그 애의 말이 마음에 걸리니?"

나는 말없이 고개를 끄덕였어. 니나는 누군가를 비판하려고 할 때 우선 비판하려는 점이 정확히 무엇인지, 왜 비판하고 싶은 생각이 들었는지 정확히 알아야 한대. 무엇보다 자기만의 확실한 의견이 있어야 한다는 거야. 세상에는 수없이 많은 의견이 있고, 그 의견에 반대하는 방식은 거의 비슷해. 얼굴을 붉히고 목소리를 높이면서 마구 화를 내는 거.

그래서 나는 니나와 함께 자기만의 결론을 내리는 방법에 대해 배우기로 했어. 또 그것이 무슨 의미가 있는지도 알아볼 셈이야. 원래 나는 내 마음이 혼돈 상태인 것을 좋아한다고 했지만, 나도 한번 도전해 볼 셈이야. 내 말에 신경 쓰지 않겠다고 한 그 친구에게 진짜 한 방 먹여주고 싶거든.

Chapter 1
내 마음은 어디에 있을까?

태어나는 순간 자기가 누구인지 아는 사람이 있을까?
인간의 자아는 따뜻하게 보살펴 주는 사랑과 언어가 있어야 서서히 자라나는 거야.
과연 마음은 뇌 속에만 들어있을까? 아이는 언제부터 거짓말을 시작할까?
자아가 성장하고 있다는 것은 무엇으로 알 수 있을까?

이상한 실험

오래전 인간의 언어는 언제, 어떻게 시작되는지 몹시 궁금해한 왕이 있었어. 왕은 한 가지 실험을 계획했지. 우선 갓난아기 30명을 궁궐의 커다란 방에 가두었어. 따뜻하고 안전한 환경 속에서 신하들이 정성껏 우유를 먹였지.

다만 몇 가지 금지 사항이 있었어. 신하들이 아기들에게 말을 걸거나 사랑을 느낄 수 있을 만한 몸짓과 행동을 절대로 하지 못하게 막았어.

감각 훈련

왕은 9개의 언어를 말할 수 있고, 7개의 언어를 쓸 수 있는 대단한 능력자였어. 왕은 인내심을 가지고 오랜 시간 아기들을 지켜봤지. 아기들이 언제 처음으로 어떤 단어를 말할 것인가? 왕이 기대한 언어는 아담어였대. 아담어는 성경 속 아담과 이브가 사용한 최초의 언어야.

거짓말 같지만 실제로 일어났던 일이야! 13세기 시칠리아의 왕가 호엔슈타우펜의 페데리코 2세가 벌였던 실험이야.

아기가 태어나면, 사람들은 그 아기가 현실에 존재한다는 걸 알아. 눈에 보이고 만져볼 수 있으니까. 그럼 아기 자신은 어떨까? 자기가 누구인지, 자기가 현실에 존재하는지를 알고 있을까? 즉 아기는 자아를 인식할까? 자신의 정체성을 알까? 사람은 보통 배고프면 먹고, 졸리면 자려는 본능적인 욕구가 생겨. 그건 아기도 마찬가지야. 그런데 자기가 누구인지 아는 것은, 자기의 현실을 느끼는 것은 그것과 아주 다른 문제야.

자아는 본능적인 욕구처럼 저절로 생기는 게 아니거든. 자아는 언어와 촉감, 사랑을 통해서만 서서히 인식할 수 있어.
그래서 페데리코 2세의 실험은 실패했어. 아기들에게 말을 걸거나 촉감을 느끼게 하거나, 사랑을 주지 않았기 때문이야. 아기들은 자아 정체성이 생기지 않아서 면역력이 약해졌어. 그래서 결국 단 한 명도 살아남지 못했지.

누가 말을 걸고 호감을 보일 때, 현실에 내가 존재한다는 걸 느껴.

그게 바로 아기가 젖병보다 엄마 젖을 더 좋아하는 이유야.

감각 스위치 켜기

갓난아기는 20.3~30.5㎝ 정도 떨어진 것들만 볼 수 있어. 이 거리는 아기에게 젖을(혹은 우유를) 먹이는 엄마의 눈과 아기의 눈 사이의 길이야.

태어난 지 한 달이 지나도 아기의 눈 근육은 여전히 미숙해. 움직이는 사물을 따라가지 못하고 사물의 경계도 구분하지 못하지. 당연히 엄마 아빠도 정확히 구별하지 못해. 아기가 얼마나 답답하겠어? 태어난 지 3~5개월쯤 지나서야 비로소 아기는 보이는 것들을 점차 구별하게 돼.

이렇게 아기는 오감과 함께 다른 세 가지 감각도 천천히 배워 나가. 그리고 어떻게 그 감각들을 사용할 수 있는지도 배워.

예를 들어 고유수용성감각을 익히면, 아기도 자기 몸이 통일된 하나의 개체라고 느끼게 되는 거지.

눈으로 봐야 느낄 수 있나?

인간의 머릿속에서는 과연 무슨 일이 일어나고 있는지, 또 그 일은 인간과 무슨 관계가 있는지 오랫동안 연구한 학자가 있어. 바로 올리버 삭스 박사야.

올리버는 갑작스러운 사고로 감각을 잃어버린 환자를 관찰했어. 정말 기이하게도 그 환자는 다리에 전혀 이상이 없는데도 좀처럼 걷지 못했어. 박사가 그에게 다리가 멀쩡하다는 것을 눈으로 확인시켜 준 다음에서야 그는 일어나서 걸을 수 있었어. 이것은 몸과 마음이 긴밀하게 연결되어 있다는 증거가 아닐까? 자기 눈으로 직접 다리를 확인한 후에야 다리를 사용해 걸을 수 있었으니까.

여덟 개의 감각

보통 인간의 감각은 다섯 가지로 분류한다. 이것을 오감이라고 하는데 후각, 시각, 촉각, 청각, 미각이다.

인간에게는 오감 말고도 아주 특별한 감각이 세 가지 더 있다. 신체의 통일성을 느끼는 고유수용성감각, 신체의 움직임을 인지하는 전정감각, 신체 안에서 일어나는 일을 감지하는 내수용감각이다.

사랑은 좋다는 감정 그 이상의 의미가 있다. 사랑을 통해, 인간의 오감은 조화롭게 작동한다. 사랑이야말로 정체성을 확립하는데 반드시 필요한 기본요소이다.

세상의 중심

아이는 속일 수 없다는 말이 있잖아? 그런데 반은 맞고, 반은 틀린 말 같아. 아이는 보통 자신의 상황을 굉장히 빠르게 파악해. 사랑받거나 사랑이 부족한 것, 관심을 받는 것, 보호를 받는 것, 무방비 상태에 놓여 있는 것 등을 아주 예민하게 느껴. 어른들이 아무리 아닌 척해도 아이의 눈을 속일 수는 없어. 하지만 그 상황에 얽혀 있는 다른 문제들은 거의 알아차리지 못해. 아이는 자신을 중심으로 생각하기 때문이야. 세상의 중심이 자기인 거야. 그 외에는 아예 관심이 없어. 그래서 어른들은 아이를 얼마든지 속일 수 있지. 그래서 저 말이 반은 맞고 반은 틀렸다는 거야.

아이가 엄마 최고, 아빠 최고라고 말하는 것은 수학적 통계를 근거로 이야기하는 게 아니고, 자기 의견을 말하는 것도 아니야. 아이는 그저 본능적으로 느낀 점을 말했을 뿐이야. 그리고 그것을 절대적으로 믿지. 아이는 엄마, 아빠가 최고라는 것 말고 다른 생각을 할 수 없어.

거짓말의 탄생

어느 정도 말은 할 수 있지만 아직 어린 아기일 때, 아기는 자기가 엄마와 분리된 고유한 존재라는 걸 이해하지 못한대. 엄마 뱃속에 들어 있지는 않지만, 지금도 엄마와 자기가 한 몸으로 연결됐다고 믿어. 아기는 엄마 아빠가 자기의 마음을 모른다는 것을 전혀 알지 못하지.

그래서 부모가 자기의 생각과 감정을 알지 못한다는 걸 깨닫는 순간부터 바로 거짓말과 마음이론이 발달하기 시작한대.

마음이론 Theory of Mind

두 살에서 네 살 정도가 되면, 아기는 오감을 사용해 상상력을 발휘할 수 있게 돼. 상상력은 삶에서 반드시 필요한 능력으로 상대방이 무슨 생각을 하는지, 어떤 감정을 느끼는지, 무슨 의도를 가지고 있는지 추측할 수 있어. 이것이 바로 과학자들이 말하는 마음이론이야. 마음이론에는 다섯 가지 능력이 담겨 있어.

1 사람마다 원하는 것이 다를 수 있다는 것을 **파악한다**.

2 사람들이 종종 어떤 상황이나 사건, 사물 또는 타인에 대해 자기와 다른 생각을 할 수 있다는 것을 **이해한다**.

3 특정 상황에서, 사람들이 무엇이 사실인지 모르거나 이해하지 못한다는 것을 **깨닫는다**.

4 자기와 가까운 사람들도 이 세상에 대해 잘못된 믿음을 가질 수 있다는 것을 **인정한다**.

5 사람들이 그들의 감정을 숨길 수 있다는 것을 안다. 그들은 실제로 느끼는 감정과 다르게 행동해서(좋거나 나쁜 이유로) 자기를 속일 수 있다는 것을 **알게 된다**.

마음은 뇌에 들어 있을까?

우리는 보통 마음과 뇌를 같은 말처럼 사용해. 물론 아주 틀린 말은 아니야. 여기 다리 하나가 없는 아이가 있어. 그렇지만 누구나 그 애는 여전히 우리와 같은 사람이라고 생각해. 그런데 만약 머리가 없는 아이가 있다고 상상해 봐. 그럼 그 애도 우리와 같은 사람일까? 아마 누구도 우리와 같은 사람으로 보지 않을걸. 나도 그 애와 함께 놀 생각을 하지 않을 거야. 왜 그렇지? 우리 모두 마음은 뇌에 들어 있다고 믿기 때문이야. 그런데 마음이 우리 몸 전체에 걸쳐 퍼져 있다고 믿는 사람들이 있어. 처음 들어보는 말이라고?
그게 사실인지 과학적으로 살펴볼게.
어떤 사람이 대장의 일부분을 수술로 잘라냈어. 잘라낸 부분은 신체의 아주 작은 부분이지만 그 사람의 성격은 많이 변하게 돼. 그럼 그는 처음과 다른 사람일까? 아니면 같은 사람일까?
사람의 소화기관인 대장을 잘라내면 그동안 거기에 살고 있던 뉴런과 박테리아가 사라지고 새로운 종류의 뉴런과 박테리아가 살게 된대. 새로운 뉴런과 박테리아들은 뇌에 직접적인 영향을 끼치게 돼.
이런 변화는 결국 그의 뇌 시스템을 바꾸어 버리지. 그는 수술 전과 전혀 다른 성격을 가진 사람으로 변해. 몸의 아주 작은 부분이 사라진 것에 불과한데, 그는 전혀 다른 사람처럼 생각하고 행동하게 돼. 신기하지? 마음은 정말 뇌뿐 아니라 몸 전체에 골고루 퍼져 있는 것일까?

늑대 아이

앞에서 인간은 누군가 말을 걸어주고, 돌봐 주고, 보살펴 줘야 자아를 갖춘 사람으로 자란다는 것을 배웠어. 그런데 이게 사실이라는 걸 증명한 하나의 사건이 있어.

1872년 인도 우타르 프라데시주의 숲속에서 사냥꾼들이 특이한 발자국을 발견했어. 그 발자국은 늑대 무리의 발자국 옆에 나 있었는데, 아무리 봐도 늑대의 발자국은 아니었지. 대체 어떤 동물의 발자국일까? 곧 사냥꾼들은 늑대 무리와 함께 네 발로 걷는 아이를 발견했어! 아이는 여섯 살 정도였는데, 바로 구조되어 고아원으로 보내졌지. 이 늑대아이는 디나 사니차르라는 세례명을 받았어.

디나는 두 발로 서서 걷는 법을 배우고, 컵에 물을 따라 마시는 법도 배웠어. 하지만 생고기가 아닌 다른 음식은 전혀 먹지 못했고 인간의 말도 익히지 못했어. 디나는 늘 늑대처럼 소통하려고 했어. 디나의 유일한 친구는 다른 지역에서 구조한 또 다른 늑대아이 뿐이었어! 둘은 인간의 언어로 대화를 나누거나 인간처럼 웃는 법이 전혀 없었지.

늑대아이와 사회화되지 않은 아이들을 연구한 심리학자 뤼시앵 말송은 자신의 책에 이렇게 썼어.

사람은 보통 크게 웃기도 하고 미소짓기도 하는데, 이 아이들은 전혀 그런 모습을 보이지 않았다.

완전 모글리네.
<정글북>에 나오는 모글리.

그런데 해피엔딩은 아니지.

그런데 이제 우리는 각각 굉장히 개성적인 그림을 그려낼 수 있을 거야. 가족 구성원들에 대한 자기만의 관점이 생겼기 때문에 보다 현실적인 모습을 그릴 수가 있는 거지.

내가 그린 누나는 아빠의 상상과 아주 다를 거야. 엄마는 내가 미처 보지 못한 아빠의 모습을 보고 있을 거야.
우리는 누군가의 형제나 자매, 삼촌, 이모, 고모, 증손주야. 우리에게는 이렇게 많은 역할이 있어. 그 역할에 따라 상대를 바라보는 관점이 달라지는 거지. 그래서 종종 서로 의견이 충돌할 수도 있어. 내 눈에는 잘난 체하는 누나가 보이는데, 아빠 눈에는 명랑하고 밝은 딸의 모습만 보일 수 있지.

할머니는 어떤 사람일까? 한 가족이라고 해서 할머니에 대한 생각이 모두 똑같을 수는 없다. 아빠와 엄마, 그리고 내 생각은 다 다르다.

마음의 풍요

어린 시절에 접한 다양한 관점들이 조금씩 우리의 머릿속에서 자리를 잡고 자라나는 거야. 그래서 가족과 대화하면서 접하는 여러 의견들이 매우 중요해. 사람은 누구나 어떤 행동을 하기 전에, 자기가 그동안 들어왔던 말을 자연스레 떠올리게 돼.

세상에는 정말 여러 가지 관점이 있어. 같은 일도 사람에 따라, 상황에 따라, 감정에 따라 다르게 볼 수 있지. 이것은 생각보다 훨씬 더 복잡해. 또한 내가 어떤 사람인지, 내게 어떤 영향을 주는지, 또 내가 그 문제를 어떻게 바라보는지에 따라 전혀 다른 생각을 가질 수 있어.

명확한 관점

우리 모두 어렸을 때 가족을 그렸던 기억이 있을 거야. 그때는 솜씨가 서툴기도 했지만, 가족 구성원에 대해 구체적인 생각이 없어서 내 그림이나 네 그림이나 차이가 별로 없었어.

같은 일이라도 함께하는 사람에 따라, 처한 상황에 따라 받아들일 수도 받아들이지 못할 수도 있다.

언어를 만든 아이들

포토와 카벵고의 탄생

1970년 미국 조지아주 콜럼버스에서 쌍둥이인 그레이스와 버지니아가 태어났어. 그런데 불행하게도 쌍둥이는 심한 발작을 일으켰지. 담당 의사는 쌍둥이가 지적장애를 겪을 가능성이 높다고 경고했어. 여섯 살이 되어야 장애인지 아닌지 정확히 판정할 수 있다면서. 낙담한 부모는 쌍둥이를 멀리했어. 결국 할머니가 쌍둥이를 돌보게 되었어. 할머니는 쌍둥이에게 말 한 번 걸지 않았고, 밖으로 데리고 나가지도 않았어.

그들은 또래 친구들과 놀아본 적이 한 번도 없었어. 학교도 보내지 않았거든. 부모가 의도한 건 아니지만, 이것은 호엔슈타우펜의 페데리코 2세가 했던 끔찍한 실험의 재판이야!

비정상에서 매우 정상으로

그러나 쌍둥이의 이야기는 해피엔딩으로 끝났어. 왜냐고? 그레이스와 버지니아는 할머니와 엄마가 독일어로 대화하는 것을 들으면서 컸어. 엄마와 아빠는 영어로 대화했지. 가족이 쌍둥이에게 직접 말을 걸지는 않았지만, 그들은 가족의 대화를 들으면서 자랐어.

쌍둥이가 여덟 살 무렵 아빠가 직장을 잃었어. 그래서 사회복지사가 집을 방문했지. 아빠는 두 아이를 가리키면서 지적장애 때문에 이상한 소리를 낸다고 말했지. 사회복지사는 쌍둥이를 치료할 수 있는지 전문 병원에 도움을 요청했어. 의사는 그레이스와 버지니아가 상대방을 포토와 카벵고라고 부른다는 사실을 알아냈어. 쌍둥이는 지극히 정상이었어. 영어와 독일어도 완벽하게 이해하고 있었어. 아빠가 사회복지사에게 말한 이상한 소리는 쌍둥이가 서로 소통하기 위해 만들어 낸 그들만의 언어였대! 그동안 아무도 그들에게 관심이 없어서 이상한 소리라고 여겼던 거야.

천재적인 발명가들

쌍둥이는 영어와 독일어의 소리를 합쳐서 그들만의 언어를 만들었어. 굉장히 빠른 속도의 언어였는데, 단어 사이의 쉼을 아주 짧게 해서 발음했기 때문이야. 그런데 쌍둥이의 언어에는 사물을 가리키는 단어가 그다지 많지 않았어. 대신 유의어가 풍부했지. 유의어는 비슷한 뜻을 가지고 있는 단어야. 예를 들어 '감자'는 무려 25개의 유의어가 있었대.

한 번의 손길이면 충분해

충격적인 이야기 아니니? 오직 둘만 소통할 수 있는 언어를 만들어 낸 천재적인 쌍둥이!

페데리코 2세의 실험이 실패한 건, 언어가 만들어지려면 다른 사람의 애정과 관심이 반드시 필요했는데 그걸 무시했기 때문이잖아? 그런데 그의 생각이 아예 틀린 건 아니었어. 언어는 어느 순간 자연스레 터져 나오는 거라고 믿었다는 점에서!

인간의 뇌에는 최소한의 자극만으로도 언어를 만들고, 말로 전달할 수 있는 천부적인 능력이 존재한다는 게 증명됐잖아? 스스로 언어를 만든 쌍둥이 덕분에!

꼭 기억해야 할 것

★ 인간은 오감이 발달하는 것과 동시에 몸과 마음이 함께 성장한다. 그러면서 서서히 자아를 인식하는 것이다. 자아가 발달하면 시간의 흐름을 인식하고 거짓말을 할 수 있으며, 관점을 이해하며, 상상력을 발휘해 새로운 발명을 하기도 한다. 또 사람들의 관점이 똑같지 않다는 것도 깨닫게 된다. 인간에게 대화는 매우 중요하다. 상내방과 대화함으로써 비로소 현실을 인식할 수 있기 때문이다.

★ 인간을 성장시키는 두 개의 열쇠는 사랑과 언어이다.

★ 뇌가 없으면 마음은 존재할 수 없다. 그러나 마음은 뇌에만 깃들어 있는 게 아니다. 마음은 몸 전체에 피저 있나.

언어가 어떻게 우리를 성장시키는지, 또 왜 우리를 각각 다르게 만들어 서로 협력하게 하거나 적대적으로 맞서게 하는지 알아보자. →

Chapter 2
내가 말하고 있는데 끼어들어?

넌 네 생각이 전부 다 자기 생각이라고 믿고 있어. 그런데 그건 사실이 아니야.
사람은 자신도 모르는 사이에 다른 사람들의 영향을 받기 때문에, 그 생각에는 반드시
다른 사람의 의견이 들어있어. 깊이 생각하기 싫어서 편견을 따르는 사람들이 많아.
그들은 자기가 편견에 사로잡혀 있다는 것조차 몰라.
그런데 인간은 원래 서로 반대되는 욕구를 동시에 품고 있는 이상한 존재야.

편견의 감옥

19세기, 남서아프리카에 있는 칼라하리 사막과 거대한 오카방고 삼각주에 영국인과 독일인이 도착했어. 그곳의 원주민은 산족 혹은 덤불에 사는 사람들이라는 의미의 부시맨이야. 영국인과 독일인은 그들을 피그미족이라고 부르기 시작했어.

유럽인들은 피그미족의 키가 너무 작아서 놀랐어. 하지만 유럽인들이 진짜 깜짝 놀란 것은 부족의 모든 문제를 반드시 전체 합의로 결정한다는 사실이었어. 피그미족은 계급 구분이 없는 평등한 사회를 누리고 있었어. 여성들도 당당하게 의견을 내고, 사냥꾼으로 활동하고 있었거든.

피그미족의 복잡한 언어와 부족 간 만장일치제 때문에 유럽인들은 어찌할 바를 몰랐어. 그들은 자기들이 가져온 물건을 피그미족에게 팔아넘겨야 하는데, 이들에게는 그게 통하지 않았던 거야. 다른 아프리카 왕이나 부족장들은 설득을 하든 위협을 하든 압박해서 물건을 사게 만들 수 있었는데, 피그미족과는 협상이 제대로 진행되지 않았어.

피그미족은 세계에서 가장 건조한 사막에서 사는 사람들이지만 즐겁게 생활하고 있었어. 서로 필요한 것을 물물교환하는 방식으로 평화롭게 살고 있었지. 하지만 유럽인들 눈에는 그저 미개한 원시인으로 보였을 뿐이야. 그들은 피그미족을 한심하게 바라보았어.

유럽인이 자랑하는 문명사회는 물자가 풍부하고 기계로 일을 하며, 계급제도가 정비되어 왕의 권위로 움직이는 거대한 국가 체제였어. 또한 유럽인은 세계 곳곳에 손을 뻗쳐 온 세상을 통합하고 지배하려는 제국주의자들이었지.

언어에 스며든 편견

편견에 사로잡히기는 너무 쉬워. 아무것도 깊이 생각하지 않고 그냥 살면 돼. 그러면 나와 가족, 국가 모두 편견의 늪에 빠져 헤어 나오지 못하는 거야.

편견은 오래전 누군가 만들어 놓은 케케묵은 판단이고 의견이야. 그중에서도 언어에 스며든 편견은 너무 오래되어 가장 강력해.

예를 하나 들어볼게. 이 세상 누구도 대왕오징어를 실제로 본 사람은 없어. 그러나 사람들은 그 살인 오징어가 지금도 저 깊은 바닷속에서 살고 있으며, 길이는 13m에 몸무게는 275kg이나 되는 녀석이라고 굳게 믿어. 이게 말이 되니? 본 사람도 없는데 이걸 믿는다고? 정말 백번 양보해서, 만약 누군가 대왕오징어를 실제로 봤다고 치자. 그런데 그 누군가가 TV에 나와서, 대왕오징어를 만났는데 정말 귀여운 동물이었다고 한다면 과연 그 말을 믿을 사람들이 있을까? 대부분 거짓말이라고 맹렬히 비난할걸. 다들 거대한 살인 오징어가 돌고래와 싸우는 영화를 보면서 더 생생한 현실감을 느낄거야. 그런데 왜, 왜 아무도 살인 돌고래가 오징어를 살해할 수 있다는 생각은 하지 않아? 왜 그런 거지?

낡은 덫에 걸린 노예

매사 편견으로 판단하면, 심각하게 고민할 필요가 없어서 편하긴 해. 하지만 결국 아주 형편없는 사람이 되어버리고 말아. 오래전 사람들이 설치한 덫에 걸려 꼼짝달싹 못 하는 노예 신세가 되는 거지! 제발 피그미족처럼 굴지 마! 너, 인디언처럼 야만적으로 살 거야? 편견에 사로잡힌 사람들은 이렇게 말해. 그러면서도 무엇이 잘못됐는지 모르지.

편견에 빠지지 않으려면 늘 깊이 생각하는 습관을 들여야 해. 우리가 생각하고, 믿고, 말하는 모든 것이 편견투성이라면 어느 날 갑자기 현실의 바람이 불어와 카드로 만든 집을 날려버리듯 모든 걸 한순간에 무너뜨릴 테니까. 우리 삶이 전혀 근거 없는 거짓 위에 세워졌다는 현실이 드러나게 되는 거야. 그리고 그동안 우리가 선택하고 결정해 온 모든 것들이 모조리 다 엉터리였다는 걸 깨닫게 될 테지. 상상만으로도 정말 끔찍해.

언어가 삶을 결정한다

영국인과 독일인, 피그미족은 모두 평등한 인간이야. 그런데 유럽인들은 왜 그렇게 피그미족을 무시했을까?

사람은 어린 시절부터 가족의 말과 행동을 따라 배우면서, 가족이 만들어 준 환경 속에서 살아가. 어떤 운동을 할 것인지, 식사는 언제 할 것인지 같은 사소한 결정도 가족과 주변 사회의 영향을 받지. 우리가 사용하는 언어도 마찬가지야. 우리는 태어날 때부터 접한 언어를 자연스레 익히고 사용하게 돼. 그래서 모든 언어에는 이미 그것을 사용하는 사람들의 편견이 담겨 있어. 언어 역시 환경의 영향을 받으면서 발달하기 때문이야.

마누야, 편견을 영어로 prejudice라고 하는 거 모르지? Pre와 judice의 합성어야.

왜 꼭 그렇게 나눠? 난 preju와 dice로 나눌래.

Pre는 앞이라는 의미의 접두사야. 그러니까 Prejudice는 앞서서 미리 판단한다, 직접 경험하지 않고 예측으로 판단한다는 의미가 있어.

자아는 무엇일까?

다른 사람인 척 연기하는 걸 좋아해서 아예 그것을 직업으로 삼은 사람들이 있어. 배우들이지. 또 좋아하는 캐릭터처럼 보이고 싶어서 코스프레 파티에 참석하는 사람들도 있어. 직업적으로 특정한 역할을 수행해야 하는 사람들도 있어. 도둑과 군인, 외과 의사 같은 사람들이지. 또 새로운 인물을 창조하는 걸 좋아하는 사람들도 있어. 극작가나 소설가 같은 사람들이야. 그런데 한 사람이 동시에 여러 명의 인격을 갖고 있는 사람들도 있어.

두 사람이 같은 사람?

《지킬 박사와 하이드씨》라는 책이나 영화를 본 적 있니? 지킬 박사는 점잖고 예의 바르며 사람들을 존중하는 신사야. 반면 하이드씨는 나 외에는 아무도 신경 쓰지 않는 폭력적이고 잔인한 악당이야. 그런데 사실 지킬 박사와 하이드씨는 같은 사람이야! 더 놀라운 것은 지킬 박사와 하이드씨 둘 다 거짓으로 좋은 사람인 척 또는 나쁜 사람인 척 연기하고 있는 게 아니라, 두 사람 다 진심으로 행동한다는 거지. 지킬 박사일 때는 진짜 신사이고, 하이드씨일 때는 진짜 악당이라는 사실이야.

로버트 루이스 스티븐슨의 《지킬 박사와 하이드씨》는 1886년에 출판됐어. 작가 스티븐슨은 한 사람 안에도 선과 악이 동시에 존재한다는 것을 보여주고 싶었대. 그런데 요즘 의학계에서는 지킬 박사 같은 사람을 해리성 인격장애 환자로 분류해. 한 사람 안에 두 명의 인격이 동시에 들어 있는 이중인격자라는 의미야.

그런데 지킬 박사보다 더 놀라운 경우도 있어. 한 사람 안에 두 명이 아니라 열 명이나 백 명의 인격이 살고 있는 환자도 있대! 어떻게 그렇게 많은 인격이 한 사람의 몸에서 동시에 살아갈 수 있는지 놀라워.

어린 시절 상상 속 친구들을 떠올려 봐. 네가 만들어 낸 상상 속 친구가 몇 명이었니? 심리학자들은 그때 너와 함께 놀던 그 친구들이 바로 또 다른 너라고 말해. 너의 또다른 인격들이라는 거지. 아, 물론 지금 그들은 모두 기억 속에만 남아있을 뿐이야. 아무 걱정하지 마.

다중인격의 이유

어른이라고 해서 모든 고통을 참을 수 있는 건 아니야. 전쟁처럼 극단적으로 힘든 상황을 겪은 사람은 당시의 고통스러운 기억을 스스로 지워버리는 경우가 있어. 처참했던 기억 자체를 아예 몽땅 삭제해 버리는 거야. 그렇게 하지 않으면 미칠 정도로 힘들기 때문이지. 그런데 이것은 자기의 정체성을 산산조각 내는 일이기도 해.

전쟁을 겪어 본 적이 없어서 실감이 나지 않는다고? 그럼 최근 우리에게 일어난 일 하나를 떠올려 봐. 그게 좋은 일이든 나쁜 일이든 상관없어. 그 일이 일어났을 때, 아마 우리는 이렇게 생각했을 거야.

나는 그렇게 하고 싶지 않았어. 내가 정말 그렇게 할 수 있을지 몰랐어.

너의 자아가 그렇게 하고 싶지 않았거나 그렇게 할 수 있을지 몰랐다고 말하는 거야. 그럼 그 일은 누가 한 것일까? 내가 한 일인데, 내 마음이 한 일이 아니라니?

프랑스 학자 블레즈 파스칼은 이렇게 말했어.

"마음에는 이유가 있는데, 이성은 그것을 이해할 수 없다."

마음이 왜 그렇게 움직였는지, 이성적으로는 좀처럼 이해하기 어렵다는 의미야. 그럼 마음은 무슨 이유로 그렇게 움직였을까?

인간의 마음속에는 서로 반대되는 욕망이 있기 때문이야. 그것이 우리가 의식하지 못하는 순간 갑자기 튀어나오는 거야.

건망증의 이유

오스트리아 빈에 사는 루 안드레아스 살로메는 드루조크라는 이름의 흰색 강아지를 키우고 있었어. 살로메는 우유를 데울 때마다 깜빡해서 매번 끓어 넘치게 했지. 그녀의 건망증은 고질병이었어.

20세기 초반에는 살로메 같은 엘리트 여성이 드물었어. 그녀는 철학자들과 활발하게 교류하면서 글을 쓰는 지식인이었거든. 반면에 우유를 난로 위에 올려놓고 데우는 일은 흔했지. 전자레인지가 발명되기 전이었으니까.

1차 세계대전 중이라서 유럽 전역은 우유가 매우 부족했어. 그런데도 그녀는 건망증을 고치지 못해 우유를 낭비했지. 그녀는 자신에게 몹시 화가 났어. 지긋지긋한 건망증은 좀처럼 고쳐지지 않았어.

어느 날 오후 갑자기 드루조크가 세상을 떠났어. 그녀는 무척 슬퍼했어. 사랑하는 강아지가 죽은 다음 몇 달이 흘렀을 때, 그녀는 문득 자신이 더 이상 우유를 끓어 넘치게 하는 일이 없다는 것을 깨달았어.

그녀는 이렇게 탄식했지.

우유가 바닥에 쏟아져도, 이젠 그것을 핥아먹을 드루조크가 없구나!

그 순간 그녀는 정말 중요한 것을 느꼈어. 그동안 자신이 왜 건망증을 고칠 수 없었는지 알게 된 거야. 자신에게는 드루조크가 핥아먹을 수 있도록 우유를 바닥에 흘리고 싶은 마음이 있었던 거야. 그녀는 자기 생각보다 더 깊이 드루조크를 사랑하고 있었어.

살로메는 우유가 흘러넘치지 않기를 바랐지만, 동시에 우유가 흘러넘치기를 원했던 거지. 누가 진짜 그녀일까?

인간의 마음속에는 이렇게 서로 모순된 욕망이 존재하고 있다.
친구나 가족, 반려동물과 함께 겪은 일들을 기억해 보자.
아마 서로 반대되는 마음을 동시에 느꼈을 것이다.

서로 충돌하는 욕망

작가들은 인간의 욕망을 탐구하는 사람들이야. 자기 자신에게도 숨기는 비밀스러운 욕망에는 반드시 이유가 있다고 생각하는 사람들이지.

우리는 자기가 자신을 가장 잘 알고 있다고 믿지만, 사실은 남들이 우리에 관해 더 잘 알고 있어. 이건 정말 흔한 일이지. 자기 자신을 객관적으로 투명하게 들여다보는 사람은 거의 존재하지 않아.

사실 인간이 서로 충돌하는 욕망이 있다는 것은 정상이야. 간혹 우리는 그 욕망의 일부분을 인식하기도 해. 주목받고 싶으면서도 혼자 있고 싶고, 많이 먹으면서도 살은 찌고 싶지 않고, 소파에 벌렁 누워 스포츠 경기를 시청하면서도 운동선수 같은 근육을 갖고 싶어 하는 것!

그런데 상반되는 욕망이 마음 깊이 꼭꼭 숨겨져 있는 경우도 있어. 남에게 존중받기를 원하면서도 사람들에게 무례하고, 친구의 성공을 기뻐해야 한다면서도 부러운 건 아니라고 믿어. 국가 대항 경기가 정정당당하게 진행되기를 바라면서도 상대 팀이 패하기를 원해. 거칠게 파울을 해서라도 제발 이기기를 바라지.

말은 그렇게 하지만

이제 아주 중요한 질문이 하나 남았어.

우리는 정말 진실한 세상에서 살기를 원할까?

만약 우리가 틀렸다는 게 진실이라면? 그 진실을 공개하는 순간 우리가 지금보다 훨씬 더 못한 삶을 살게 된다면? 그래도 그것을 원해? 다들 진실 따위는 알고 싶지 않다고, 그냥 지금 이대로가 더 좋다고 할걸.

그래서 비판적으로 생각하기가 몹시 어려운 거야. 더욱 나은 세상을 만들려면, 반드시 비판적 사고를 해야 하지만 우리의 욕망은 종종 그것을 거부하곤 해.

제국의 탐욕

피그미족이 사는 지역 근처에 헤레로족과 나마족이 살고 있었어. 이 부족들은 주로 목축업을 했는데, 자부심이 대단했지.

19세기 말과 20세기 초, 독일 황제 빌헬름 2세는 탐욕을 숨기지 않았어. 현대 국가에서는 상상도 할 수 없는 일이지만, 그는 독일 제국을 건설하겠다는 야심에 불탔던 거야. 당시 영국과 프랑스는 식민지를 거느린 제국으로 승승장구하고 있었어. 러시아 제국마저 티베트와 일본에까지 손을 뻗치고 있었지. 네덜란드와 벨기에 같은 작은 나라조차 식민지를 소유하고 있었어.

나라를 훔치려는 도둑

빌헬름 2세 스스로 독일 제국을 선포했지만, 독일은 다른 제국들과 달리 식민지를 소유하고 있지 않았어. 황제는 독일 제국 건설을 위해 놀라운 계획을 세웠어.

독일에 대해 전혀 알지 못하는 먼 나라로 진출해 원주민의 땅과 재산을 슬쩍 훔치기로 한 거야. 황제의 명령을 받은 독일인들이 아프리카 대륙으로 떠났어. 그들의 전략은 치밀했지.

일단 원주민에게 호의적으로 접근해서 신뢰를 얻고, 서서히 잔인하게 그들의 땅과 재산을 갈취하는 거였어. 이게 바로 지금의 나미비아와 보츠와나 땅에서 일어난 일이야.

난 제국을 만들고 싶다고!

독일은 헤레로족과 나마족의 재산을 모조리 빼앗고 노예로 삼을 심산이었어. 결국 독일은 전쟁을 일으켰지. 그런데 웬걸? 예상 밖의 상황이 전개됐어. 독일은 전쟁에서 좀처럼 쉽게 이기지 못했어. 잔뜩 약이 오른 독일은 헤레로족과 나마족 대부분을 죽이고, 겨우 살아남은 소수의 원주민을 강제수용소에 가두었어. 이 수용소는 포로수용소나 강제노동수용소가 아니었지.

이 수용소는 헤레로족과 나마족을 멸망시키기 위해 만든 죽음의 수용소였어. 독일 황제는 자신의 목표를 이루게 됐다고 좋아했지.

탐욕의 결과

독일은 수십만 명의 무고한 생명을 죽였어. 엄청난 재앙이었지. 그러나 독일 제국도 온전히 살아남지 못했어. 황제는 식민지를 얻지 못했을 뿐만 아니라, 그가 시작한 아프리카 전쟁이 곧바로 1차 세계대전으로 이어져 독일군 수백만 명이 사망했지. 독일 제국은 한순간에 무너졌어.

탐욕은 황제만 추락시킨 게 아니라 그의 생각을 지지하고 따랐던 수백만 명의 독일인들까지 파괴해 버렸어. 그들 중 누구도 멸망의 길로 가고 있다는 경고에 귀를 기울이지 않았지.

꼭 기억해야 할 것

★ 우리는 자기 생각을 말하는 거라고 믿지만, 사실은 오래전 남들이 만든 편견을 반복하는 것이다. 깊이 생각하는 게 싫어서 편견을 따른다면, 현실이 보이지 않는다.

★ 우리가 보통 **나**라고 말할 때, **나**에는 몸이 아니라 자신이 누구인지에 대한 중요한 마음이 들어있다고 믿는다. 하지만 이것은 착각이다. 우리가 **나**로 인식할 수는 없지만, 우리 행동에 영향을 미치고 결정을 내리게 하는 또 다른 마음도 존재한다.

★ 비판적으로 생각하는 것은 쉽지 않다. 인간에게는 스스로 인식하지 못하는 비밀스러운 욕망이 있고, 또한 자신이 속한 집단(가족, 종교, 국가)이 특정한 생각이나 욕구에 동의하라고 요구하기 때문이다.

★ 대다수의 의견이라는 이유로 또는 우리가 속해 있는 집단이나 사회가 지닌 특성 때문이라는 이유로 그 의견에 동의한다면, 선의라는 명분을 내세우면서 행해지는 끔찍한 일에 연루될 수 있다. **비판적으로 생각하는 사람**은 자신이 동의하지 않는 의견에 대해 용감하게 거부하면서 정의를 실천하는 사람이다.

Chapter 3
사회적 지능, 호혜, 평판, 자아비판

인간과 까마귀, 코끼리는 사회적 동물이야. 사회적 동물은 구성원들을 이용해
이익을 얻는 내부자를 좋아하지 않아. 그래서 평판이라는 개념을 발명했어.
사회적 동물 중에서도 인간은 자기 자신조차 논리적으로 비판할 줄 아는 유일한 동물이야.

까마귀와 아이

2011년 미국 시애틀에 네 살짜리 개비가 살고 있었어. 그 동네에 사는 까마귀들은 개비에 대해 아주 잘 알고 있었지. 정확히 말하자면, 까마귀들은 자기들에게 이로운 사람이 누구인지 알고 있었다고 말해야 해.

개비는 어렸기 때문에 행동이 굼뜨고 어설펐어. 차에서 내릴 때마다 주차장에 과자를 흘리곤 했지. 그 순간만 기다리고 있던 까마귀들이 쏜살같이 내려와 과자 부스러기들을 먹어 치웠어.

시간이 흐르면서, 개비도 까마귀들을 점차 의식하기 시작했어. 개비가 학교에 다니기 시작했을 무렵부터는 까마귀들에게 스스로 간식을 나눠줬지. 개비의 남동생도 개비와 함께 간식을 나눠줬어.

2013년 어느 날 개비와 남동생은 까마귀들에게 먹이 주는 일을 계속하기로 했어. 그래서 아침마다 작은 테이블 위에 물과 땅콩을 올려놓고, 뜰에는 개 사료를 흩뿌려 놓았대.

어느 날 아침 개비는 먹이 테이블 위에 작은 물건들이 쌓여 있는 것을 보고 깜짝 놀랐어. 귀걸이와 목걸이, 나사, 조그만 유리 조각, 돌멩이, 반쯤 썩은 집게발 같은 것들이 잔뜩 놓여 있었어.

서로 고마운 일

개비에게 주는 까마귀의 선물이었어. 개비는 그것들을 모두 모았어. 개비 엄마는 아침마다 방문하는 까마귀들을 사진으로 찍기 시작했어. 엄마가 집 근처에서 카메라의 렌즈 캡을 잃

어버렸지만, 개비는 그것을 찾아다닐 필요가 없었어. 렌즈 캡은 바로 다음 날 새들이 목욕하는 뜰 한 귀퉁이에서 발견됐거든. 심지어 까마귀 한 마리는 렌즈 캡을 깨끗이 씻어 놓고 날아갔어. 정말 신기한 일이지?

까마귀가 마음이론을?

옛날부터 까마귀는 지능이 높은 동물로 여겼어. 영리해서 교활한 속임수도 쓸 줄 알고 협동심도 있다는 것을 알고 있었던 거야. 오늘날은 까마귀에 대해 그때보다 더 자세히 알고 있어. 도구를 사용할 줄 알며, 앞일을 예측하며, 늑대와 인간 같은 다른 동물들과 협력도 가능하다는 것! 또 도움을 받으면 고마움을 느껴 은혜를 갚고, 공정하다는 판단이 들면 물물교환도 한다는 거야. 사람처럼! 까마귀도 인간처럼 마음이론을 갖고 있는 게 아닐까?

협력과 속임수

새는 뇌가 아주 작지만 지능이 높을 수 있어. 몇몇 새들은 인간의 뇌보다 뉴런의 밀도가 훨씬 더 높고 형태도 아주 독특하대.

그런데 무엇보다 중요한 건 까마귀가 사회적 동물이라는 점이야. 형제자매들이 서로 협력하면서 생활하는 동물이지. 꼭 필요할 경우, 낯선 까마귀들과 협력할 줄도 알아. 물론 그들을 속이는 짓도 서슴없이 저지르지.

사회적 지능, 호혜, 평판, 자아비판

도시 생활과 낯선 이웃들

피그미족의 화살 교환

선사시대 지구에는 약 2만 9천 명 정도의 인간이 살고 있었대. 상상해 봐. 지구 전체에 큰 건물이 여섯 채밖에 없는데, 바로 거기에서 인류 전체가 살고 있는 모습을! 게다가 당시 인간은 유목 생활을 했으므로 한 곳에 거주하지 않고 여기저기 떠돌아다니면서 살았을 거 아니야? 겨우 2만 9천 명 정도지만 서로 마주치는 건 쉽지 않았을걸.

인구가 점점 늘기 시작하면서 **영토**라는 개념이 생겼어. 유목 생활을 완전히 끝낸 건 아니지만 계절에 따라 잠시 머물러 살게 됐거든. 여름과 겨울처럼 기온 차가 심한 계절에는 더위와 추위를 피할 수 있는 안전한 곳에 머물러야 편하다는 것을 알았기 때문이지. 그러다가 하나둘 정착지가 생겨나고, 농경이 시작되면서 마을이 형성되고 도시로 발전했어.

사람들이 모여 살게 되자 이점이 있었어. 사람과 물자가 한곳에 모이니까 위험을 무릅쓰고 이동해야 하는 부담이 없어졌어. 아직 말을 길들여서 이용하는 지혜가 없었기 때문에 당시에는 오로지 사람의 힘으로 짐을 들고 이동했거든. 많은 양의 다양한 물건을 옮기는 건 불가능에 가까웠어. 그런데 그 문제가 해결된 거야.

아프리카 피그미족 기억하지? 계급 구분이 없었던 평등한 부족 말이야. 그들은 사냥에 나서기 전 서로 화살을 교환하는 관습이 있었어. 누가 동물을 잡든, 자기가 잡은 게 아니라 화살을 준 사람의 공이라고 겸손하게 생각하기 위해서였지. 그들은 남들보다 자기가 더 재빠르고, 더 뛰어나고, 더 세다고 생각하는 걸 꺼렸어. 누구도 더 우월하다고 뽐내며 권위를 내세우거나 남들을 거느리는 위치에 올라가서는 안 된다고 경계했지.

얼마나 합리적인 생각이야? 축구 경기에서도 골은 공격수가 넣지만, 팀원들이 힘을 합쳐 열심히 했기 때문에 골을 넣을 기회가 생긴 거 아니야?

그러나 요즘은 다들 그렇게 생각하지 않는 것 같아. 골키퍼가 공격수만큼 인기가 없는 걸 보면 그래.

평판 = 신뢰

개코원숭이와 침팬지, 코끼리, 까마귀 같은 사회적 동물처럼 **인간도 평판을 매우 중요하게 생각해.**

평판은 명성이나 유명세와는 다른 개념이야. 평판은 인간이 가장 중요하게 여기는 신뢰와 직접적인 관계가 있어. 평판은 그 사람을 신뢰할 수 있느냐, 없느냐를 결정하는 기준이야. 평판에 따라 이 사람과 일을 함께 할 수 있는지, 함께 하면 성과를 거둘 수 있는지를 판단해.

그런데 문제는 사람들의 숫자가 기하급수적으로 늘어나면서 **평판**에 문제점이 드러났어. 직접 만나서 그 사람을 겪어 봐야 평판을 알 수 있는데, 그게 거의 불가능한 시대가 왔기 때문이지. 사냥이나 낚시를 함께 한 적이 없는데, 온라인에서 게임 한 번 같이 한 적이 없는데 어떻게 이 사람을 신뢰할 수 있을까? 처음 보는 사람의 주장을 어떻게 믿을 수 있을까?

나는 네가 한 일을 알고 있다

메뚜기와 귀뚜라미 전문가 리처드 알렉산더는 이렇게 조언했어. 그럴 때는 그가 과거 누구에게 도움을 줬는지 알아보라고 말이야. 만약 그가 누군가를 도왔다면, 내가 직접 도움을 받은 건 아니지만 그를 신뢰할 수 있기 때문에 그와 함께 일하는 것은 가치가 있다고 말했어. 이렇게 그에게 도움을 받은 사람이 직접 은혜를 갚는 게 아니라 다른 사람이 대신 갚아주는 것을 **간접적 호혜**라고 불러.

과학자 마틴 A. 노왁은 간접적 호혜를 칭송했어. 우리가 다른 사람들을 관찰하고, 그들을 통해 배우며, 어떤 도움을 주고받았는지 이해하는 건 정말 기분 좋은 일이라고.

하지만 간접적 호혜도 문제는 있어. 일이든 사람이든 겉으로 보이는 모습이 다가 아니기 때문이야. 남들이 전해준 이야기는 실제와 아주 다를 수 있지.

논리학의 탄생

우리는 보통 상대방을 관찰해서 그가 어떤 사람인지를 결정해. 마치 판사처럼. 25세기 전 그리스에서 판사를 krites라고 불렀는데, 이 단어는 분별하고 판단하는 능력을 뜻하는 단어인 κρῐτῐκός (현대의 알파벳으로 kritikós)에서 유래했어. 영어 단어 critic의 어원이야. 요즘도 25세기 전에 사용했던 단어를 거의 그대로 사용하고 있는 거지.

옛날 그리스에서는 언어를 매우 중요하게 생각했어. 언어는 서로 협력하는 데도 일상 속의 다양한 활동을 꾸려 나가는 데도 필수였기 때문이야. 열정과 애정의 감정도 언어로 표현할 수 있었어. 언어는 언어 자체를 비판하는 데도 사용할 수 있었지. 그리스인은 인류 최초로 언어의 쓰임과 가치를 깨달은 사람들이야.

평판의 발명

그가 하려고 하는 말이 무엇인지, 그의 행동이 무엇을 뜻하는지 알고 싶으면 그가 어떻게 말하고 있는지 살펴보면 돼.

그는 나를 논리적으로 설득하고 있을까? 아니면 논리적인 척하는 것일까? 확신을 두고 나를 설득하는 듯하지만 혹시 자기가 틀렸다는 사실조차 모르는 건 아닐까? 이럴 때 올바른 판단을 내릴 수 있는 도구가 바로 평판이지. 그래서 평판은 매우 중요해. 평판은 어느 한 사람의 개인적인 판단이 아니라 다수의 사람이 입을 모아 그렇다고 생각하는 의견이기 때문이지.

평판이야말로 가장 민주적으로 결정한 판단이야. 민주주의는 그리스의 아테네 사람들이 발명했어. 그들은 자유롭게 제안하고 공개적으로 토론을 한 다음 투표로 결정했지.

그리스는 처음으로 민주주의를 실행했다. 아고라에 모인 대중은 진지하고 합리적인 공개토론을 통해 모든 일을 결정했다.

진실과 거짓

고대 그리스 철학자 아리스토텔레스는 교육받은 사람이라면 논쟁의 질이 좋은지 나쁜지를 명확하게 판단할 수 있어야 하며, 교육을 받는다는 것은 교육받는 방법을 안다는 의미라고 했어.

그리스인은 매력적인 이야기와 단어들, 전혀 부정할 필요가 없는 명백한 사실들에 대해 잘 알고 있었어. 하지만 바로 이것들을 이용해 거짓을 진실처럼 아름답게 포장할 수 있다는 사실도 알고 있었지. 특히 더 나쁜 것은 언어적 진실을 이용해 부당하고 잔인하며 파괴적인 행위들을 부추길 수 있다는 점이었어.

그리스인은 이것을 막기 위해서, 아니 최소한 그런 일이 일어나는 것을 어렵게 만들기 위해서 도구를 발명했어. 바로 **논리학**이야. 오늘날까지 온 세상 학생들을 골치 아프게 만드는 바로 그 논리학!

비형식 논리학

대부분 사람들은 논리학을 매우 두려워해. 마치 케이크도, 촛불도, 음악도 없이 얼음으로 가득 채운 물 한 잔만 주는 끔찍한 생일 파티 같이 느끼는 것 같아. 그런데 사실 논리학은 공포 영화가 아니야. 무서워할 필요가 없어.

논리학은 캄캄한 어둠 속에서 우리를 위협하는 호랑이가 진짜인지 가짜인지 구별할 수 있게 도와주는 야간 투시경 같은 거야. 이 투시경이 있어야 아군인지 적군인지 판단할 수 있어. 논리학이 얼마나 유용한 도구인지 알아야 해. 야간 투시경만 가지고 있으면 목숨을 구할 수 있는데, 왜 그것을 거부하지?

아리스토텔레스의 논리학은 **비형식 논리학**이야. 비형식 논리학은 일상 언어를 이용해 생각하는 방법과 틀을 제시해. 당시 그리스에서는 언어로 토론하고 논쟁한 다음, 누군가의 삶과 죽음을 결정했어. 말 한마디가 얼마나 중요했는지 상상할 수 있을 거야. 조금 으스스하지?

스스로 비판하다

인간은 누구나 자신의 성공과 실수에 대해 되돌아보면서 곰곰이 생각할 수 있는 능력이 있어. 이것을 성찰한다고 말해. 개인적인 성찰이지.

그런데 대중적 성찰은 기원전 416년 여름, 약 3,000명의 아테네 해군이 멜로스 섬 지평선에 모습을 드러내는 순간 처음 시작됐어. 아테네가 멜로스 섬을 침범한 사건부터야.

착한 편 나쁜 편

사람들이 한곳에 모여 살게 되면 물자도 거기에 모인다고 했잖아? 고대 그리스는 도시 자체가 독립적인 하나의 국가였지만, 이웃 도시 국가들과 서로 긴밀하게 협력하고 협동하면서 살고 있었어. 까마귀들처럼, 외부의 적이 침입하면 함께 힘을 합쳐 방어하기도 했지. 그러나 아예 마찰이 없을 수는 없었어. 어느 곳에나 다른 방식으로 살고 싶은 사람들은 있기 마련이지.

누군가 권력을 쥐게 되면, 그와 친구를 하겠다는 사람들이 많이 생겨. 반면 그를 두려워하거나 질투하는 사람들은 그의 적이 되어버려. 그리고 이런 상황을 걱정스럽게 지켜보는 또 다른 무리도 있어.

기원전 416년은 아테네와 스파르타 사이에 벌어졌던 전쟁이 끝난 해야. 그동안 우리가 본 대부분의 영화는 아테네의 시각에서 바라보기 때문에, 아테네는 늘 착한 편이고 스파르타는 못된 악당으로 묘사했어. 그런데 이해할 수 없는 일이 벌어졌어. 그 착한 아테네가 스파르타와 전쟁을 끝내자마자 갑자기 작고 약한 중립국 멜로스 섬을 위협한 거지.

무기 대신 논쟁

아테네는 피를 흘리지 않고 이기는 방법을 고민했어. 멜로스 섬사람들을 잘 설득해 항복을 받아내려고 생각했지. 아테네는 자기들이 내세운 조건은 가혹하지 않으며, 저항하는 건 소용없는 짓이라는 걸 논리적으로 설득하려고 했어. 헤로도토스라는 위대한 역사가 덕분에 그 당시 아테네 측과 멜로스 측이 나눈 대화가 지금까지 기록으로 남아있어. 그 기록을 요약하자면 바로 이런 내용이야.

우리 피 흘리지 말자

아테네인: 우리는 문제를 일으킬 생각이 없소. 당신들을 구원하고 양측 모두에게 도움이 되려고 애쓰는 거요.

멜로스인: 지배하려는 쪽이 당신들이니까, 그렇게 주장하는 거잖소? 우리가 당신들의 노예가 되어서 얻을 수 있는 이익이 뭐요?

아테네인: 멜로스가 우리의 속국이 되면, 전쟁으로 사람이 죽거나 다치지는 않잖소? 우리는 멜로스를 파괴하고 싶지 않소.

멜로스인: 우리가 당신들보다 약하다는 건 잘 알고 있소. 하지만 우리는 신의 가호를 믿고 있소.

아테네인: 신이 당신들을 구원해 줄 거라는 근거가 있소? 그럼 근거를 대 보시오. 근거가 하나도 없잖소! 당신들은 그저 막연한 희망으로 미래를 볼 뿐이오. 이제 당신들이 얼마나 비합리적인지 곧 깨닫게 될 거요. 동등한 위치에 있는 사람에게는 굴복하지 말며, 강한 사람에게는 합리적으로 행동하며, 약한 사람에게는 온건하게 대하는 사람만이 성공할 수 있다는 것을 아직 깨닫지 못했구려.

우리가 다 망쳤어

결국 멜로스는 싸움을 택했어. 신도 그들을 구해주지 않았어. 멜로스는 멸망하고 말았지. 아테네는 멜로스의 남성들을 모조리 죽였어. 여성과 어린아이들은 노예로 팔아버렸어.

6개월 후 약 15,000명의 아테네인이 에우리피데스의 새 연극 <트로이의 여인들>의 초연을 보기 위해 모였어.
주인공이 누구였냐고? 전쟁에서 패배한 트로이의 여인들이었어. 노예로 전락한 트로이의 여인들은 자기 남편을 죽인 살인자를 기쁘게 해야 했지. 에우리피데스는 멜로스의 여인들을 트로이의 여인들에 비유한 거였어.

연극을 감상한 아테네인들은 부끄러움을 느꼈어. 그들은 처음으로 자신들을 돌아보면서 깊이 성찰했어. 인간은 스스로 자신을 비판할 줄 아는 존재이기 때문에 대중적 성찰도 가능한 거야. 아테네인은 처음으로 자아비판을 발명한 사람들이야.

'우리도 불공평하고 잔인해질 수 있다.'
그리스인은 예술을 자아비판에 활용할 수 있다는 점을 발견했다.

사회적 지능, 호혜, 평판, 자아비판

Chapter 4
자기기만의 세계

인간과 인간이 만든 사회는 모두 한쪽으로 기울어져 있어. 편향되어 있지.
이것은 인간의 마음과 사회가 이미 반쯤 프로그래밍 되어있다는 뜻이야.
인간은 복잡하게 얽힌 현실보다 아름다운 판타지를 더 좋아해.

> 멜로스 사람들은 정정당당하고 용감했어. 자기들이 아테네보다 약하다는 걸 알고 있지만, 맞서기를 포기하지 않고 끝까지 용감하게 싸웠어. 정말 감동적이야.

> 뭐야? 난 그들이 너무 순진하다고 생각해. 처음부터 난 아테네가 멜로스를 박살 낼 줄 알았거든. 아테네는 이미 두 번씩이나 페르시아 제국의 침략을 물리쳤던 나라야. 다른 나라의 도움 없이도! 아테네가 전국 챔피언 팀이라면, 멜로스는 그냥 초등학교 농구팀이야!

인류에게 프로그래밍된 편향성

너는 누구 말이 옳다고 생각하니? 니나 혹은 마누? 둘 다 옳지 않아. 멜로스는 그냥 **확증 편향** 때문에 파멸한 거야. **편향**은 어느 한쪽으로 더 기울어진 것을 뜻해. 한쪽을 더 좋아하는 성향인 편향성은 옛날 우리 조상들도 가지고 있었어. 한 부족이 마스토돈 사냥에 나섰을 때를 상상해 봐. 이때 가장 중요한 건 네가 속한 전사 그룹이야. 사냥의 성공 여부로 평판을 얻고 사회적 지능을 증명할 수 있기 때문이지. 그런데 사실 마스토돈 사냥이 지능을 필요로 하는 일은 아니잖아? 아, 물론 잠시나마 지능을 인정받을 순 있겠지.

원시시대 초원에서 하나의 그룹을 이룬 다섯 명의 전사가 마스토돈을 공격하고 있어. 마스토돈은 암컷과 수컷, 두 마리야. 암컷은 이미 심한 상처를 입어서 쓰러지기 일보 직전이야.

사냥꾼들은 화살과 창을 이미 다 써버려서 무기가 하나도 남아있지 않아. 한 사냥꾼이 말했어.
"마스토돈은 동료가 살아 있는 한 절대로 그 곁을 떠나지 않아. 우리가 맨손으로 수컷을 공격하면, 우리 중에서 두세 명은 죽게 될 거야. 그러니까 암컷이 죽을 때까지 숨어서 기다리자. 수컷이 떠날 때까지 기다렸다가 암컷만 잡는 거야."
다른 사냥꾼이 끼어들었어.
"그때까지 기다릴 수 없어. 암컷보다 우리가 먼저 굶어 죽을 거야."
그는 말을 끝내자마자 수컷을 공격했어. 그는 잽싸게 수컷의 날카로운 송곳니를 피해 녀석의 대가리에 올라탔지. 그는 나무망치로 수컷의 두개골을 힘껏 내려쳤어.

비판하는 사람

모두가 마스토돈 사냥에 성공한 사냥꾼을 칭찬했어. 부족은 둥글게 모여 앉아 흐뭇하게 식사하고 있어. 그 사냥꾼은 신이 나서 자기가 어떻게 마스토돈을 제압했는지, 다른 사냥꾼들은 어떻게 행동했는지를 설명해.
그러자 암컷이 죽을 때까지 기다리자고 했던 사냥꾼이 이렇게 말했어.
"그래! 넌 정말 대단했어. 그런 능력을 갖춘 사냥꾼은 너뿐이야. 하지만 운도 좋았어. 수컷의 상태가 정상이 아니었거든. 어딘가 아파 보였다고. 건강한 마스토돈과 정면으로 대결하는 건 그다지 좋은 전략이 아니야."
잠시 침묵이 흘렀어. 그리고 곧 몇 사람이 이 비판적인 사냥꾼에게 야유를 보냈어. 하지만 얼마 지나지 않아 다시 웃음꽃이 피어났어. 거의 불가능한 사냥에 성공한 날이니까.

자기기만

마스토돈 사냥을 해본 적이 없는 아이들은 누구를 닮고 싶을까? 용감한 전사일까, 성공 후에도 비판의 날을 세우는 사냥꾼일까?
세월이 흐르는 동안, 신화 속의 사냥꾼처럼 되고 싶었던 사람들은 계속 목숨을 잃었어. 그래도 사람들은 마스토돈과 정면 대결을 펼치는 게 좋지 않은 전략이라는 사실을 인정하지 않았어. 대신 이렇게 변명했지. 비가 와서 불리했다든가, 신의 저주가 내렸다든가 하는 식으로.
이런 것이 바로 확증 편향이야. 확증 편향이 있는 사람은 자기가 믿는 것에만 가치를 두고, 그것에 대해 유리한 정보만을 기억해. 그것에 반하는 정보나 의견, 대안은 깡그리 무시하는 거야. 아예 의미를 두지 않아. 자신이 믿는 가치를 부정하는 사람은 가까이하지 않을 정도지.
확증 편향은 사람의 마음과 사회에 아로새겨진 함정 같은 거야.

사람들은 운이 정말 많은 영향을 끼친다는 사실을 믿지 않는다.

빙산보다 미라가 더 흥미로워

1912년 4월 15일 새벽 2시 20분, 당시 세계에서 가장 큰 배인 타이태닉호가 침몰했어. **절대 침몰하지 않는 배**라고 홍보하던 호화유람선이 첫 항해에서 빙산과 충돌해 침몰했던 거야. 이 사고로 약 1,500명이 사망했어.

미라의 저주에 관한 이야기들은 어떤 게 있어?

흠…….
저주는 사실이 아닐 거야.
타이태닉이 침몰한 건 선박 회사나 정부의 탐욕 때문일 거야.

음모와 저주

선장과 선박 회사가 무모했던 것일까? 아니면 어떤 음모가 있었을까? 그것도 아니면 타이태닉호 화물칸에 실려 있던 이집트 여사제의 미라가 저주를 내린 걸까? 그녀의 안식을 방해한 사람들을 벌하려고!

이야기 편향은 진실보다 허황한 이야기가 더 큰 힘을 발휘하는 현상이야. 이런 함정에 빠지면 사람들의 오해를 불러일으켜 시간과 노력을 낭비하게 만들지. 이야기 편향은 오랜 시간 중요한 정보들을 압축한 집단기억이 바탕이 되기 때문에 누구나 쉽사리 빠져들게 돼.

이야기 편향은 이미 우리가 잘 아는 규칙과 이야기를 섞어서 진실인 것처럼 포장하기 때문에, 아주 쉽게 전파되지.

규칙과 이야기

인간은 어릴 때부터 규칙을 배우고 이야기도 배워. 걸을 때 앞을 똑바로 보아야 한다는 규칙을 배우는 한편 결국 작은 생쥐가 사자를 이겼다는 놀라운 이야기를 들으면서 크지. 문자가 발명되기 전까지는 정보를 저장할 수 있는 곳이 오직 인간의 뇌뿐이었어. 그런데 뇌의 기억 창고는 처음 이러한 정보를 접했을 때 느꼈던 감정까지 세밀하게 기록해. 특히 두려움과 즐거움 같은 강렬한 감정은 더욱더 선명하게 기록하지.

그래서 인간은 규칙을 통해 두려움과 권위를, 이야기를 통해 즐거움을 느끼게 되는 거야. 이야기 편향이 규칙과 이야기로 이루어진 이유야.

어느 날 엄마가 아이에게 이렇게 말해. 밤에는 누가 네 이름을 불러도 절대로 숲에 들어가면 안 돼! 엄마는 아이에게 규칙을 알려준 거야. 전 세계 공통의 규칙이지. 한밤중 숲속에는 무시무시한 짐승들이 살고 있으니까.

변형된 규칙도 있어. 아이스크림 회사 사장이 직원들에게 이렇게 명령해. 지하에 있는 34b번방에는 절대로 들어가지 마라! 전화 소리나 비명이 들리더라도 절대로 문을 열어서는 안 된다고 말해. 좀 이상한 규칙이지만, 어쨌든 직원들은 이 규칙을 따를 거야.

비극적 결말의 효과

이야기도 규칙만큼 인간이 선호하는 거야. 그래서 별일 아닌데 특별한 의미를 부여하고 재미난 이야기로 만들어서 전달하면 아주 좋아해. 세상에서 가장 안전한 배가 빙산과 부딪쳐 침몰했다는 사실보다 미라의 저주 때문에 벌을 받았다는 허황된 이야기에 더 흥미를 느끼는 거지.

그리고 사람들은 해피엔딩을 좋아해. 뻔하지만 명확한 결말을 좋아하기 때문이야. 하지만 실제로 인간의 삶은 그렇지 않아. 결말이 항상 행복한 것은 아니야.

그래서 현명한 그리스인들은 비극으로 끝나는 이야기도 만들었어. 관객은 주인공의 비극적 인생을 보면서 한껏 감정이입을 해. 그러면서 카타르시스를 느꼈어.

햄릿은 최초의 현대적 영웅

햄릿은 비극으로 끝나는 연극이다. 또한 최초의 탐정 이야기이기도 하다.
주인공은 덴마크의 왕자 햄릿이다. 햄릿의 아버지가 죽자 어머니인 왕비는 햄릿의 삼촌인 클라우디우스와 재혼을 한다.
그런데 왕자인 햄릿이 아니라 클라우디우스가 새로운 왕이 됐나.
어느 날 밤 아버지의 유령이 햄릿에게 나타났다.
"아들아, 난 살해당했단다. 부디 복수를 부탁한다."
햄릿은 혼란스러웠다. 그 유령은 정말 아버지일까? 아니면 그저 초자연적인 현상일까?
그는 고민에 고민을 거듭했다. 바로 이 대목이 햄릿을 최초의 현대적 영웅이라고 추앙하는 근거가 됐다.
햄릿은 스스로 자아비판을 하면서, 진실을 캐기 위해 끝없이 질문했다. 게다가 그는 순수하고 고결한 성품까지 지니고 있었다.
햄릿은 역사상 최초로 비판적 사고를 하는 주인공이었다.

편향: 자기 발에 채여 넘어지는 것

사람은 보통 자신이 생각하고 느끼는 것 자체가 자기라고 믿고 있어. 하지만 우리는 그것이 아니라는 것을 배웠어. 나는 내 생각보다 훨씬 더 복잡한 존재로, 자신마저 감쪽같이 속일 수 있는 존재라는 것을 이미 배웠어.

인간은 가족이나 사회 집단, 국적, 동호인 모임, 직업 등에 따른 편견에서 벗어나기가 힘들어. 또한 시대의 유행에 빠져 정신없이 그것을 추종할 수도 있어. 또 성별과 세대를 뛰어넘어 남다르게 보이고 싶은 욕망도 있어. 옷이며 습관은 물론 음식도 그들과 차별화할 뿐만 아니라 단지 그들과 다른 의견이라는 이유만으로 덥석 받아들이기도 하지.

이런 것들이 다 편향이야. 편향에는 확증 편향과 이야기 편향만 있는 게 아니야. 편향에는 정말 많은 종류가 있어.

편향의 유형을 아는 것은 매우 중요해. 상대방이 어떤 편향에 빠져 있는지 감지할 수 있고, 또 우리 자신이 어떤 편향에 빠져 있는지 인식할 수도 있기 때문이야. 내 자신에게도 비판적 사고를 적용하려면, 편향에 대해 반드시 알아야 해. 니나와 마누가 아테네와 멜로스 사이에 벌어진 전쟁에 관해서 한 말 기억하지?

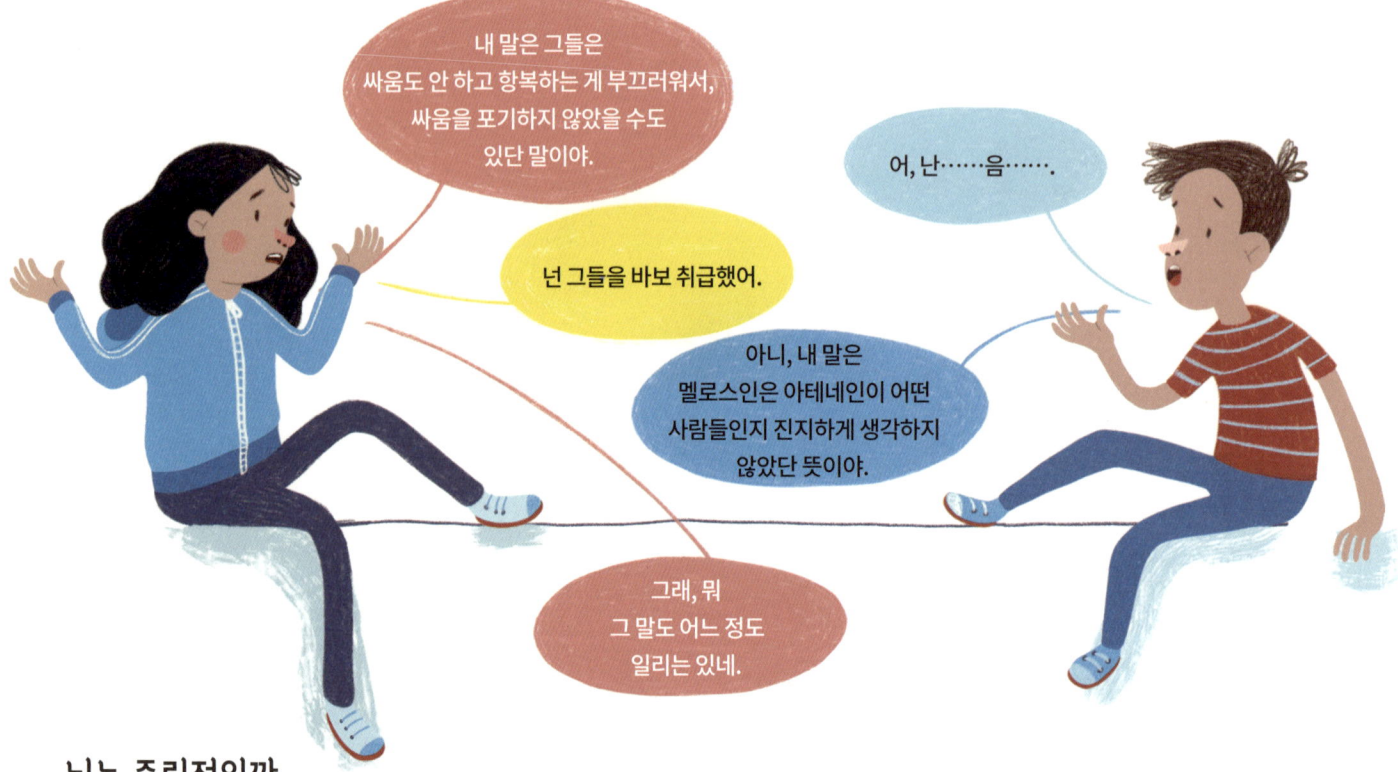

뇌는 중립적일까

니나는 **대응 편향**에 빠진 거 같아. 대응 편향은 인간의 행동 원인을 지나치게 내적 동기에서만 찾으려고 하는 거야. 그 외의 요소들은 과소평가하고. 사실 멜로스인은 니나의 생각만큼 용맹한 불굴의 전사들이 아니었을지도 몰라. 그들은 전쟁에서 패할 거라는 예측을 하고 비밀리에 스파르타에 도움을 요청했어. 스파르타는 도움을 약속했지만, 그 약속은 지켜지지 않았어. 멜로스인은 어쩔 수 없이 멸망할 때까지 싸움을 계속해야 했어.

마누는 **사후확신 편향**에 빠져 있어. 어떤 사건이 벌어지면, 마치 자신은 처음부터 이런 결과를 미리 예측하고 있었다고 말하는 거지. 이것은 사실 자신의 기억을 교묘하게 변경해 스스로를 설득하는 태도야. 사후확신 편향에 빠진 사람은 늘 이렇게 말해.

야, 난 그 결과를 진작부터 다 알고 있었어!

합리적 사고를 방해하는 자석

허위합의 편향

허위합의 편향은 무조건 자기가 따르는 관습이나 의견이 가장 보편적이고 일반적이라고 확신하는 거야. 니나는 대부분의 사람들이 늘 공동의 연대감을 가지고 행동한다는 믿음에 사로잡혀 있어. 그 믿음은 너무 굳건해. 니나는 개인이 얼마나 이기적일 수 있는지 의심하지 않아. 만약 니나의 믿음이 옳다면 세상이 이렇게 복잡하고 어지러울 리 없어.

자기위주 편향

자기위주 편향에 빠진 사람은 안되면 남 탓, 잘되면 내 탓을 하곤 해. 성공은 다 내 덕분이고, 실패는 다 네 탓이거나 어쩔 수 없는 상황 또는 운이 없었기 때문이라고 하는 거야.
마누의 친구 마르코는 자기 팀이 매번 패배하는 것은 코치 때문이라고 말해. 팀의 선수들은 전혀 문제가 없대.

기억 편향

기억 편향이 있을 경우, 기억을 변경하고 왜곡해서 다른 사람에게 전달하지. 니나는 엄마가 골라준 옷보다 자신이 고른 옷이 훨씬 더 예쁘다고 말하곤 해. 니나는 진짜 그렇게 믿고 있어. 자신이 기억을 왜곡했다는 사실을 모르지.

이처럼 편향성은 마치 강력한 자석처럼 인간의 뇌에 붙어있어. 이렇게 뻔히 옳지 않다는 것을 알면서도, 우리는 왜 이것을 떼어 버리지 못하는 것일까? 편향성은 마치 자기 자신에게 통제력이 있다는 착각을 주는데, 이것이 자존감을 보호해주기 때문이야.

자기기만의 세계

전문가라고 설득하는 게 전문인 전문가

옛날 샤먼이라 부르던 주술사는 최초의 전문가라고 할 수 있어.

당시 사람들은 지금 우리가 알고 있는 지식들을 알지 못했지. 주술사도 모르는 건 마찬가지였어. 그러나 그는 나름 영리하고 교활한 방법으로 무지한 대중을 현혹하는데 능숙했어.

주술사는 대중이 그를 전문가라고 굳게 믿도록 설득하는 게 전문이었던 사람이야.

사는 게 좀 복잡하긴 해. 그렇지만 시간이 지나면 적어도 한 가지 분야에서는 전문가가 될 수밖에 없어.

난 다른 건 관심 없어. 농구 전문가만 되면 돼. 그럼 행복할 거야.

어휴! 넌 진짜 헛소리만 해. 넌 진짜 속이기 쉬운 애야.

올바른 결정과 비판적 사고

인간은 농업과 무기, 도시, 종교, 기술, 감정 등을 점점 발전시켜 나갔어. 사회가 복잡해지면서 인간은 강력하게 진화했지만 전보다 약해진 측면도 있어. 점점 더 전문가에게 의존하게 됐으니까. 사실 인간은 모두 어떤 분야에서는 전문가라고 할 수 있어. 하지만 대개 단편적인 지식만 갖고 있을 뿐이야. 모든 것을 다 알 수는 없어.

그래서 인간은 대화를 통해 합의하고 결정하는 제도를 만들었어. 결정은 언제나 신중해야 하지.

그 결정이 우리의 삶을 바꾸기 때문이야. 그런데 올바른 결정을 하려면 반드시 비판적 사고가 뒷받침되어야 해.

다음 장에서는 이 책에서 가장 중요한 주제인 비판적 사고에 대해 이야기해 보자.

꼭 기억해야 할 것

★ 평판은 명성이나 유명세와 다른 말이다. 평판은 신뢰와 직접적으로 관련이 있는데, 그 사람을 얼마나 믿을 수 있는지에 대한 척도이다. 평판은 간접적 호혜에 가장 중요한 영향을 끼친다.

★ 비판하는 능력은 판단 능력이다. 다른 사람의 의견은 객관적으로 분석해서 들어야 한다. 또한 이것은 자기 자신에게도 똑같이 적용해야 하는 비판 능력이다.

★ 듣기 좋은 말과 매력적인 이야기, 명확한 사실로 거짓을 포장할 수 있다. 그러면 진실로 받아들여질 수 있다. 이처럼 거짓을 위한 위장술로 사실을 이용하는 사람들이 있다.

★ 인간은 진실을 추구하는 대신 현실적 결과에 더 집착하는 경향이 있다. 많은 사람들과 함께 할 때는 그게 훨씬 더 효율적이기 때문이다. 그래서 인간과 인간이 만든 사회는 모두 한쪽으로 기울어져 있다.

★ 인간에게서 가장 보편적으로 드러나는 편향은 확증 편향과 이야기 편향이다. 확증 편향에 빠지면, 자신이 믿거나 의심하는 생각을 공고히 할 수 있는 정보만 받아들인다. 이야기 편향에 빠지면, 허황된 이야기에서 실제로 존재하지 않는 의미를 찾아내 그것을 사실로 전파한다.

★ 우리는 자기 의견만 옳다고 주장해서는 안된다.
이탈리아 시인 단테는 자신의 작품을 통해서 이렇게 조언했다.
"누구의 의견이든 잘못된 방향으로 치우칠 수 있다. 그러므로 자기 생각에 대한 지나친 애착 때문에 마음의 문을 닫는 바보짓은 하지 말아야 한다."

Chapter 5
논쟁의 기술

**정확한 정보를 바탕으로 대화를 나누는 경우는 드물어.
우리의 대화는 보통 불확실한 믿음과 주관적인 감정을 전달하고 있지.
그런데 이런 식으로 대화하면서 올바른 결정을 내릴 수 있을까? 그건 거의 불가능해.**

절망의 끝에서

만화와 영화에 등장하는 영웅들은 강력한 힘과 엄청난 무기, 절대로 포기하지 않는 의지를 가지고 있어. 그들은 매우 특별한 존재야. 어린 시절 우리 곁에도 그런 영웅들이 있었어. 울음을 터뜨릴 때마다 어디선가 엄마 아빠가 바람처럼 달려왔거든. 엄마 아빠는 천하무적처럼 보였어.

사회에 위기가 닥치면, 사람들은 엄마 아빠의 역할을 해줄 영웅을 원해. 그가 나타나 우리를 위험에서 지켜 주기를 간절히 바라는 거지. 재난이 발생했을 때 비로소 인간은 자신이 얼마나 나약하고 하찮은 존재인지를 깨닫거든.

긴급결정

사람의 미래는 불확실해. 내일 당장 무슨 일이 일어날 지 아무도 모르기 때문이야. 10년, 20년, 30년 뒤에 내게 무슨 일이 벌어질까?

그건 아무도 몰라. 하지만 가정이나 국가는 내일, 다음 주, 다음 달에 무슨 일이 일어날지 예측할 수 있게 운영해.

가정과 국가에 어떤 일이 생기면, 사람들은 서로 의견을 나누고 토론을 해. 그리고 앞으로의 행동을 결정하지.

갑자기 전쟁이 터지거나 심각한 자연재해가 발생하면 **긴급결정**을 내리기도 해. 경제적 손실은 물론 정서적 불안으로 삶이 피폐해지는 것을 막기 위해서야. 불확실성은 가능한 한 빨리 끝내야 해. 결정을 늦출수록 사람들이 더 많이 죽거나 다치게 되니까. 아예 집단 전체가 모조리 파괴될 수도 있어.

나라가 매우 위급한 상황에서는 국민에게 결정권을 위임받은 몇몇 개인이 긴급결정권을 행사해. 대중과 논의하지 않아도 된다는 자율성을 부여받은 거지. 이런 방식은 장점도 있지만, 단점도 있어. 특히 갑자기 전쟁이 터졌을 때 문제가 돼.

전쟁과 종교

전쟁이 일어나면, 신에게 도움을 간청하는 사람들이 있어. 그리 낯선 일은 아니야. 과거 그리스나 로마, 스페인의 정복자들이 모두 그랬거든. 그런데 비판적으로 생각해 보면 이것은 참 한심한 행동이야.

사람들은 왜 이렇게 쉽게 전쟁을 일으킬까? 그리고 왜 신에게 전쟁을 멈춰달라고 비는 걸까? 전쟁을 일으킨 인간이 아니라.

전쟁보다 설득

전쟁은 대부분 자신이 더 우월하고 더 중요한 존재라고 믿는 소수 집단이 일으키는 거야. 민주주의가 뿌리내리기 전, 침략을 당한 나라의 권력자들은 설득이나 협상을 하찮게 여겼어. 그들은 일반인과 함께 논의하는 건 상상도 못할 위험천만한 일이라고 생각했지. 일반인을 악당으로 칭했던 시대였으니까.

그래서 지난 수 세기 동안 통치자들은 완벽하게 전지전능한 존재, 신에게 빌고 그들과 협상하는 일에만 몰두했어. 모든 일을 신이 결정하는데, 하찮은 사람들과 굳이 대화할 필요가 없다고 믿었던 거야.

대화가 정말 아무짝에도 쓸모없는 것이라면, 그들은 왜 그토록 오랫동안 사람은 스스로 독립적으로 생각해야 한다고 외쳤던 것일까?

자신을 의심하는 캐릭터

배트맨이나 해리포터, 볼드모트, 트랜스포머에 대해서는 모두 다 알지?

나는 볼드모트와 트랜스포머가 다른 캐릭터에 비해 조금 심심하다고 느껴. 이들은 나에게 행복감과 두려움을 선사하고, 짜릿한 흥분을 느끼게 해주지만 딱 한 가지 부족한 점이 있어. 바로 의심하는 자세야.

배트맨과 해리포터가 패배에 대한 두려움에 빠져 자신의 힘을 의심하면서 괴로워할 때, 나는 강렬하게 감정이입이 돼. 캐릭터가 현실적으로 느껴지기 때문이야. 배트맨과 해리포터가 훨씬 더 매력적으로 보이는 이유야.

의심한다는 것은 영리하다는 의미

의심을 한다는 것은 영리한 머리와 따뜻한 가슴을 갖고 있다는 의미야. 하지만 의심을 품게 되면 본인은 짜증스러울 만큼 불안해져. 또한 의심은 세균처럼 다른 사람들을 전염시키기도 해. 그들까지 불쾌하게 만들지.

의심을 해결하는 세 가지 방법

미국의 철학자 찰스 퍼스는 의심하는 마음을 단번에 해결할 수 있는 세 가지 방법을 말했어.

1. 처음 그 말을 해준 사람의 말을 그대로 믿는다(그의 말이 명백해 보일 때).

2. 안심할 수 있는 좋은 생각만 떠올린다.

3. 권위를 가진 사람들의 의견에 동의한다.

1, 2는 편견이고, 3은 진짜 중요한 게 뭔지 모르는 것 같아.

난 의심하는 게 좋아.
내가 세계 최고 농구선수가 될 수 있을까, 없을까?
휴가는 바다 아니면 산?
점심은 햄버거 아니면 어제 남긴 옥수수 파이?

앗! 그건 여기서 말하는 의심과 달라.
안데스 사슴을 물어 죽인 야생 개들을 그냥 놔둘지
아니면 포획할지, 공해를 일으키는 자동차를 계속 운행할지
아니면 전기차로 바꿀지 고민하는 게 진짜 의심이야.
네 고민과는 달라.

쳇! 내 질문은 왜 의심이 아니야?
누가 그렇게 정했지? 그리고 전기차는
진짜 환경 문제가 전혀 없는 거야?
진짜로 그래?

공적 토론의 탄생

수 세기 전 그리스인은 개인적인 의심과 공동체의 공적인 의심을 구분하기 위해 민주주의를 고안했어.

모든 사람에게 영향을 끼치는 문제는 함께 의논해서 가장 좋은 해결책을 찾는 게 최선이야. 공개적으로 토론을 하면 설령 완벽한 해결책이 나오지 못하더라도 최소한 나쁜 해결책이 어떤 것인지는 알 수 있으니까.

그리스가 한창 번성하던 시절, 아테네에는 약 3~6만 명 정도의 사람들이 정부의 일을 했어. 그들은 도시 거주자와 주변 지역 거주자들로 총인구의 약 10~20%에 해당하는 숫자였지. 아쉽게도 전부 남자였어. 그들은 아테네에서 벌어지는 온갖 문제를 함께 모여 토론하고 투표로 결정했어.

지금 같은 정당은 없었지만, 다양한 문제에 관해 활발히 논쟁하는 모임은 많았어. 그런데 어느 날 과연 그 주장이 맞는지 틀렸는지 어떻게 알 수 있느냐는 의문이 제기됐어. 이런 의문은 곧 그 주장을 공적으로 인정할 수 있는 합리적인 기준이 필요하다는 인식을 불러왔어.

그리스인은 어떤 해결책을 찾았을까?

논쟁의 기술 ♥ 41

그런 식으로 말하지 마

사람은 특정 사건과 생각, 사물들을 연결해서 이야기해. 자신의 이해관계와 엮어서 이득을 얻으려고 하거나, 감정을 전달해서 상대방도 자신과 같은 감정에 빠지기를 바라지. 그런데 이런 식으로 말하면 열심히 논쟁하는 것처럼 보이지만, 실은 자기주장만 내세우는 거야.

현명한 그리스인들은 공적인 문제를 토론할 때, 반드시 **이해관계와 감정을 배제하고 합리적으로 진술해야 한다**고 못박았어.

어느 날 어떤 사람이 돈을 벌지 못해 세금을 낼 수 없다고 울면서 호소해. 시장에서 팔려던 새끼 양을 독수리가 다 잡아먹었다면서! 세금은 커녕 올림픽 경기를 보러 갈 돈도, 병든 어머니조차 돌볼 돈도 없다면서 엉엉 울어. 그의 말을 들은 사람들은 세금 징수에 대한 토론을 아예 시작하지도 못했어. 그의 감정적 호소가 반대 의견을 무장해제 시켜버린 거지.

그럼 이제 그의 주장을 무장해제 시켜볼까?

우선 그는 자신의 주장에 따라 증거(사실, 정보)를 제시해서(진술) 명백한 진실(결론)을 실재하게 만들어야 해.

주장은 사실(정보)과 진술, 결론의 집합이지.

주장은 반드시 전제가 있어야 해. 전제는 증거 즉 정보가 준비돼 있어야 한다는 뜻이야. 독수리가 새끼 양을 잡아먹는 것을 본 증인이 없다면, 그의 진술은 성립할 수 없겠지?

결론은 사실로 받아들여지기를 원하는 내용이야. 반드시 전제가 사실이어야만 결론이 받아들여질 수 있어. 이 점이 가장 중요해.

그의 전제가 처음부터 거짓말이었다면, 그는 반드시 세금을 내야 하는 거야.

니나가 시니스카에 관해 주장한 것은 거짓이 아니야. 다 아는 사실이지. 그런데 사실도 중요하지만 논리적으로 주장하는 방식도 중요해. 그리스인은 주장을 논리적으로 전개해야 올바른 결론에 이른다고 생각했어. 주장의 뼈대가 중요하다는 거지.

아무리 명확한 사실도 전개 방식이 혼란스럽고 비논리적이면 사람들을 설득하기가 어려워.

논리적인 전개 방식이야말로 결론의 타당성을 확립하는 데 아주 중요해.

> 개들은 땀을 흘리지 않아. 그래서 더울 때 혀를 내밀어. 지금 시니스카도 혀를 내밀고 있어. 시니스카는 엄청 더운 거야.

> 아니야! 시니스카는 요구르트를 먹고 싶을 때도, 개미들을 괴롭힐 때도, 내 거북이를 귀찮게 할 때도 혀를 내밀어. 시니스카는 아무 때나 혀를 내밀어!

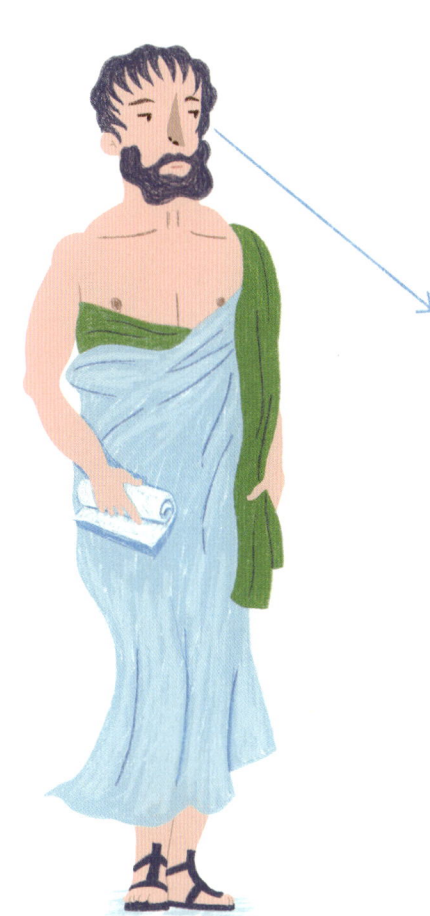

삼단논법

그리스 철학자 아리스토텔레스는 논쟁 방식을 체계적으로 정립해, 삼단논법을 만들었어. 삼단논법은 두 개의 전제와 한 개의 결론으로 구성돼 있어.

가장 일반적인 삼단논법의 형태는 다음과 같아.

모든 P는 Q이다.

전제 1	전제 2	결론
모든 새는 깃털을 가지고 있다.	벌새는 새이다.	모든 벌새는 깃털을 가지고 있다.

다른 형태의 삼단논법도 있어.
P이거나 Q이다.
그런데 P가 아니다.
그러므로 Q이다.

그 외에도 아주 유용한 논법들이 있어.
조건부 논법은 하나의 전제가 다른 전제를 조건으로 하는데, 조건부 논법 중에서 적어도 아래에 나오는 두 가지는 꼭 알았으면 해.

긍정 논법(긍정식 삼단논법)

전제 1	전제 2	결론
A라면 B다	A	그러므로 B
모든 사람은 죽는다.	해리 스타일스는 사람이다.	해리 스타일스는 죽는다

부정 논법(부정식 삼단논법)

전제 1	전제 2	결론
A라면 B다	B가 아니다	그러므로 A가 아니다
그들이 비행기에 연료를 가져오면 우리는 이륙할 것이다.	그들이 연료를 가져오지 않았다.	우리는 이륙하지 못했다.

이제 이 논법들을 우리가 어떻게 적용할 수 있는지 살펴볼까?

논쟁의 기술 ♥ 43

범고래 재판장에 선 마누

스페인에서 범고래가 어선을 공격했다는 기사를 봤어요. 범고래는 우리 친구인 펭귄과 돌고래들도 죽여요. 그러니까 그냥 내버려둘 수 없어요. 이 살인 고래들을 바다에서 몰아내야 해요!

전제 1	전제 2	결론
사람들은 공격적인 생명체를 허용해서는 안 된다. 그것들은 어선을 공격하고, 우리에게 해를 끼치지 않는 다른 동물들까지 잡아먹는다.	범고래는 모두 공격적이다. 그들을 살인 고래라고 하는 것에는 다 이유가 있다. 범고래는 인간과 다른 생명체들을 위협한다.	우리는 살인 범고래 도살에 동의해야 한다.

이것을 긍정 논법으로 만들어 보자.

전제 1	전제 2	결론
사람을 위협하거나 사람과 잘 지내는 동물을 죽이는 생명체가 있다면 사람들은 그 동물을 벌하지 않고 그냥 두어서는 안 된다.	범고래는 스페인 어선들은 물론 전 세계 펭귄과 돌고래들에게 위협을 가한다.	사람은 범고래를 죽여야 한다.

니나의 시각

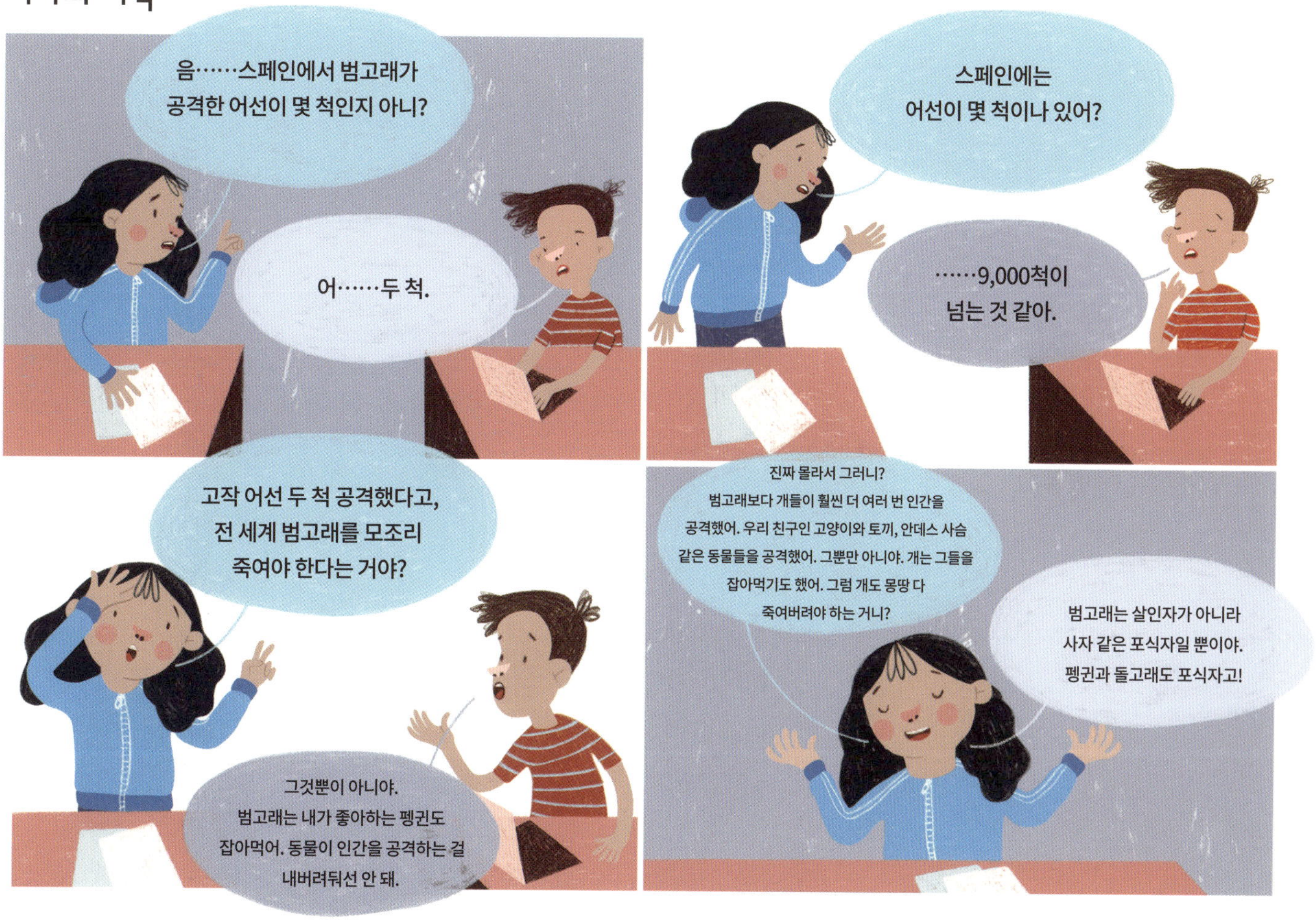

견고한 주장 같지만 허점이 있어

두 개의 전제가 사실처럼 보였지만, 니나는 세 가지의 허점을 발견했어.

첫째, 극소수의 범고래만 어선을 공격했는데 살인이라는 단어를 모든 범고래에게 적용했다.

둘째, 살인은 사람만 저지를 수 있는 범법 행위이다. 살인은 인간의 법을 위반한 범죄이다. 동물은 사람이 아니므로, 이 법을 지켜야 하는 대상이 아니다. 병을 옮기는 박테리아를 살인자라고 부를 수 없듯이 범고래를 살인자라고 부를 수는 없다. 우리는 사람이 살인을 저질렀을 때만 살인자라는 단어를 사용한다. 즉 주장의 전제에 거짓 요소가 들어있다.

셋째, 명확하게 드러난 사실에 근거하면 범고래가 어선이나 어부들을 크게 위협하지 않았다는 것을 알 수 있다. 마누 말대로 스페인에는 9,000척이 넘는 배가 있는데, 오직 두 척만 피해를 당했다는 사실이 그 증거이다.

니나의 말을 이해했지?

그럼 이제 마누가 왜 그렇게 범고래에게 화가 난 건지 물어볼게.

Chapter 6
오류 대 오류

무엇이 진실인지 논쟁할 때, 네가 꼭 기억해야 할 게 있어. 단지 말싸움에서 이기고 싶어서 원래의 목적이 무엇인지 잊으면 안 된다는 거야. 우리의 목표는 진실을 찾아내는 거니까.

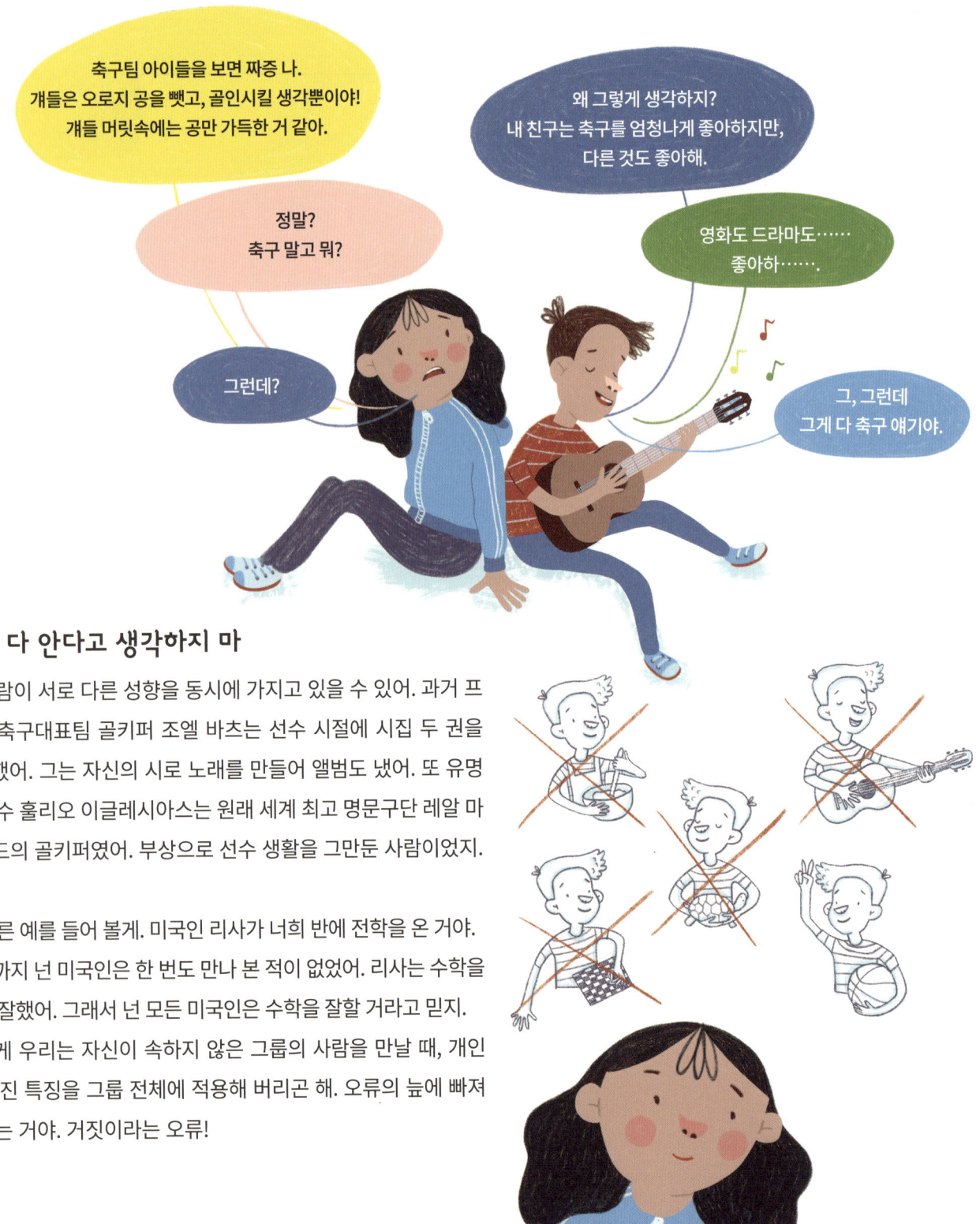

나를 다 안다고 생각하지 마

한 사람이 서로 다른 성향을 동시에 가지고 있을 수 있어. 과거 프랑스 축구대표팀 골키퍼 조엘 바츠는 선수 시절에 시집 두 권을 출간했어. 그는 자신의 시로 노래를 만들어 앨범도 냈어. 또 유명한 가수 훌리오 이글레시아스는 원래 세계 최고 명문구단 레알 마드리드의 골키퍼였어. 부상으로 선수 생활을 그만둔 사람이었지.

또 다른 예를 들어 볼게. 미국인 리사가 너희 반에 전학을 온 거야. 그때까지 넌 미국인은 한 번도 만나 본 적이 없었어. 리사는 수학을 정말 잘했어. 그래서 넌 모든 미국인은 수학을 잘할 거라고 믿지. 이렇게 우리는 자신이 속하지 않은 그룹의 사람을 만날 때, 개인이 가진 특징을 그룹 전체에 적용해 버리곤 해. 오류의 늪에 빠져 버리는 거야. 거짓이라는 오류!

오류 찾기 게임

그리스인은 말할 때 오류가 생길 수 있다는 것을 알았어. 단어와 단어를 적절하게 연결하지 않으면 오해를 불러온다는 사실을 알았던 거야! 단어들을 잘못 조립해 생기는 오류를 **형식적 오류**라고 해.

하지만 그리스인은 **비형식적 오류**에 더 큰 관심을 가졌어. 이것은 말에 담긴 **내용**에 오류가 있는 경우야. 그리스인은 마치 곤충채집자나 유령 사냥꾼처럼 이런 비형식적 오류를 포착하고 분류하는 데 집착했어.

인간을 속이기 위한 오류들

마누가 축구를 좋아하는 친구들에 대해서 이야기했을 때, 니나는 **구성적 오류**를 저질렀어. 앞에서 말했듯이, 이것은 단 한 사람의 정보로 그 사람이 속한 그룹의 모든 사람을 같은 특징으로 묶어버리는, 일반화해 버리는 오류야.

논쟁할 때 상대가 나를 속이기 위해 쓰는 흔한 방식이지. 그래서 구성적 오류에 대해서 반드시 알아야 해.

인신공격의 오류

상대방의 주장이 아니라 그 사람 자체를 공격하는 것!

★ 그렇게 이상한 색깔로 머리를 염색한 사람의 말을 어떻게 믿어요?

허수아비 때리기의 오류

상대방의 주장을 일부러 왜곡하고 단순화해 버리는 것!

★ 그들은 더 이상 일하기 싫어서 하루 더 휴가를 요청하는 거라고요!

대중 호소의 오류

대중이 진실이라고 믿기 때문에 그것이 진실이라고 주장하는 것!

★ 이 도시 대다수 사람이 노예제도를 찬성해요. 그러므로 노예제도는 좋은 제도예요!

잘못된 인과관계의 오류

단지 그 일이 먼저 일어났기 때문에, 원인이라고 주장하는 것!

★ 작년에 신호등을 많이 설치했어요. 그런데 올해 교통사고가 급증했어요. 신호등의 개수가 늘어나서 교통사고가 증가했다는 것은 명백한 사실입니다!

증거 은닉의 오류

앞에서 살펴본 오류들은 파악하기가 비교적 쉬워. 하지만 매우 치밀하게 숨겨졌기 때문에 더 강력한 힘을 발휘하는 오류들도 있어. 교묘하게 현혹하는 오류들이야.

증거 은닉의 오류는 정말 많이 사용하는 거야. 증거 은닉의 오류를 체리 피킹 오류라고도 하는 건 다양한 체리 중에서 자기가 가장 좋아하는 체리만 선택한다는 뜻이 숨어있어. 즉 자기 주장을 약화시키거나 무효화하는 데이터는 교묘히 숨기거나 회피한다는 의미야.

예를 들어, 흡연은 나쁜 게 아니야. 내가 아는 올림픽 금메달리스트 중 두 명이나 흡연자였어라는 주장이 있어.

그런데 이 주장에는 훨씬 더 많은 수의 흡연자가 메달을 따지 못했다는 사실이 숨겨져 있지.

잘못된 딜레마의 오류

이것도 현실에서 흔히 발견할 수 있는 오류야. 축구 선수들은 늘 심판의 실수로 자기 팀이 경기에서 졌다고, 심판이 의도적으로 피해를 줬다고 주장해. 하지만 자기들이 몇 번이나 그런 경험을 했는지는 말하지 않아. 또 자기 팀이 이득을 본 판정 수와 피해를 본 판정 수는 절대로 비교하지 않지. 왜냐하면 자기 팀에 도움이 된 오심은 공정한 것으로 여기기 때문이야.

또 아주 위험한 오류도 있어. **잘못된 딜레마의 오류**야. 특정한 문제를 마치 딜레마인 것처럼 전제하고 극단적인 흑백논리로 논쟁을 벌이는 거지.

동물원이 존재해야 한다는 주장과 동물을 이용한 오락과 교육에 반대하기 때문에 동물원을 없애야 한다는 주장이 팽팽하게 맞붙었어. 과연 무엇이 옳은 일일까? 딜레마에 빠진 느낌이 들 거야. 그런데 이것은 거짓 딜레마야. 이런 흑백 논쟁은 소모적이야. 동물들의 희생 없이도 교육할 수 있고 즐거움을 얻을 수 있는 다른 방식에 관해서 토론하는 게 더 합리적이지 않을까? 멀쩡한 동물원을 존속시킬까, 말까 같은 극단적인 논쟁은 쓸모없어.

선결문제 요구의 오류

증명되지 않은 내용을 전제로 사용하는 오류야. 전제 안에 이미 그가 주장하는 결론이 들어있는 경우가 많아. 아래 주장을 봐.

우리는 진보적인 문명이 유전 공학으로 인간의 지능을 크게 향상시킬 수 있다는 것을 알고 있어. 또한 우리는 인간이 지구에서 가장 지능이 높은 존재라는 것도 알아. 따라서 외계 문명이 유전 공학으로 우리 인류를 창조했다는 사실은 명백해.

얼핏 들으면 말이 되는 것 같아. 하지만 이것은 순환 논리에 불과해. 결론은 이미 전제에 들어 있는데, 그 전제는 아무런 증거도 제시하지 못하는 허황된 믿음뿐이야. 그런데 누군가 이런 식의 주장을 하면, 사람들은 전제에 증거가 빠졌다는 것을 깜빡 잊고 속아 넘어가. 허위를 마치 진실인 것처럼 전제로 내세워 상대의 주의를 분산시켰기 때문이야.

데이터도, 증거도 없는데

주장을 뒷받침할 만한 정보나 증거가 없고, 증명이나 실험을 제안할 상황도 아닐 때가 있어. 그때도 토론이 가능할까?
가능해!
증명할 수 없는 불명확한 논란거리를 제거하고 최선의 가설을 찾는 유용한 방법이 있어.
바로 귀추법이야.

하하……말도 안 되는 소리! 세상 문제들은 권력자들 때문에 일어나는 거야. 중국이나 미국에서는 축구에 그다지 관심이 없어. 그래서 두 나라의 권력자들은 갈등을 풀기 위해 협상 테이블에 앉았을 때도 항상 스트레스 최강 상태야. 축구 이야기를 나누면서 긴장을 푸는 법을 몰라.

어렸을 때 나는 사람들 사이에 싸움을 붙이고 갈등을 일으키는 비밀 마녀 협회가 있다고 믿었어. 그들의 공작으로 세상 모든 문제가 생긴다고 믿었어.

니나와 마누의 주장 다 이상하지만, 마누의 주장이 조금 더 그럴듯해 보여. 증거는 없지만 더 설득력이 있어. 왜 그럴까?
이유는 간단해. 니나의 주장을 입증하려면, 믿기 힘든 두 가지가 사실이어야 하기 때문이지. 마녀가 실제로 존재해야 하고, 진짜 그들이 함께 모여 인류에게 해를 끼칠 음모를 꾸며야 해!

페어플레이 원칙

누군가 우리 모두를 깜짝 놀라게 만드는 주장을 펼칠 때가 있어. 기적적인 사건이나 순간을 가정하면서 자기주장을 내세울 때야. 이때 적용할 수 있는 원칙이 하나 있어. **특별한 주장에는 반드시 특별한 증거가 필요하다!**

그런데 다른 사람의 주장을 분석하고 비판할 때 반드시 지켜야 할 원칙이 있어. 바로 자비의 원칙 또는 페어플레이의 원칙이야. 상대방이 제시하는 정보를 엄격하게 분석하고 평가하는 것은 당연하지만, 반드시 합당한 수준의 잣대를 대고 평가해야 한다는 거지.

> 니나는 비판적 사고를 하지 않았다.
> 니나는 마누의 주장을 얼토당토않다고 무시하지만, 마누가 주장하려고 하는 바는 다음과 같을 수 있다.
> a) 돈이 제약이 되어서는 안 된다는 것.
> b) 비용을 부담할 능력이 없는 전 국가대표 선수나 노년층을 위한 좌석이 할당됐으면 좋겠다는 것.

우리는 축구를 사랑하는 모든 사람이 월드컵 결승전이 열리는 경기장에 들어갈 수 있도록 도와야 해.

어휴……너 바보니? 수백만 명을 한꺼번에 수용할 만한 경기장이 없잖아!

정말 중요한 것

요점은 사소한 정보 오류에 초점을 두지 말라는 거야. 숫자가 조금 틀렸다거나, 이름을 잘못 발음했다거나, 날짜를 틀린 정도의 미미한 오류 때문에 무작정 주장 자체를 의미 없다고 반박해서는 안 된다는 점이야.

사소한 오류에 매달려 말꼬리만 잡는 논쟁은 불공정해. 그런데 이건 우리가 인간이라서 발생하는 문제야. 진실을 바탕으로 최상의 해결책을 찾으려는 노력보다 이기는 데에만 급급한 인간의 욕심 때문이야.

진실을 바탕으로
최상의 해결책을 찾으려는 논쟁에서
분노와 풍자, 언어폭력, 모욕 및 잔인한 과장은 사용하지 말아야 한다.

몽테뉴의 발견

요즘 우리는 SNS나 예능 프로그램에 익숙해졌기 때문인지 논쟁의 목적이 상대방을 이기기 위해서, 웃기는 사람으로 만들기 위해서, 심하면 모욕감을 주기 위해서라고 믿는 것 같아. 그런데 논쟁의 목적은 절대로 그런 것이 아니야.
16세기 프랑스 학자 미셸 드 몽테뉴는 논쟁할 때는 누구나 상대방을 화나게 만들고 싶은 커다란 유혹을 느낀다고 했어. 몽테뉴는 이렇게 말했지.

처음에는 상대방의 논리에 적대감을 느끼지만, 곧 그의 주장을 지지하는 사람들에게도 적대감을 품게 된다.
그러면 논쟁이 아니라 반박만 반복하게 된다. 결국 질문의 끝에도 진실을 찾지 못하고, 모순적인 상황에 빠진 서로를 발견하게 된다. 진실은 이미 멀리 사라졌거나 파괴되어 버렸다.

사람들은 선good 같은 가치를 지키기 위해 전쟁을 한다고 말하지만, 전쟁 자체를 좋아하는 사람들도 있어. 싸우고, 상처 입히고, 죽이고, 태우고, 파괴하고, 훔치고, 학대하면서 강렬한 승리감을 얻는 사람들이지.
논쟁은 말로 하는 전쟁이야. 실제 전쟁과 비슷한 상황이 펼쳐지는 게 하나도 이상하지 않아. 상대방을 이해하고, 최선의 생각을 원하며, 옳다고 믿는 것을 끝까지 지키겠다고 말하면서도 승리의 유혹에 빠지는 사람들이 많지.
그들은 절대로 비판적 사고를 하지 않아. 합리적으로 생각하지 않아. 그저 승자의 기분을 느끼고 싶어서 발버둥칠 뿐이야.

목표: 어깨를 나란히 하려는 태도

비판적이라는 단어에 집중해서 사고라는 단어를 놓쳐서는 안 돼. 비판적 사고는 중요한 질문을 던지고, 비평하고, 상대방을 얼마나 잘 이해하고 있는지 자랑하기 위해서 하는 것이 아니야.

토론은 얼굴을 맞대는 게 아니라 어깨를 나란히 하는 거야. 토론은 상대방과 함께 논의하는 거야. 상대방을 부정하는 게 아니야. 토론은 서로의 입장 차이를 이해하고, 함께 더 나은 해결책을 찾아 합의에 이르는 과정이야.

맞아! 말은 쉬운데 무척 어려운 과정이지.

문제가 있을 때마다 토론한다는 건 대단한 일이야. 하지만 토론의 목적이 누군가에게 보여주기 위해서 하는 것은 아니지. 토론의 목적은 좋은 평점을 받거나, '좋아요'를 많이 받기 위해서가 아니란 말이야. 인기를 얻기 위해서 하는 게 아니야! 이런 것들을 원한다면 토론보다는 노래를 만들거나 연기를 해야 해.

잊지 마!

토론의 목표는 토론하기 이전보다 더 나아지기 위해서야.

꼭 기억해야 할 것

★ 비판적 사고는 현실을 바탕으로 한다. 초자연적 현상이나 영적인 존재에 기대서 생각하는 것이 아니다.

★ 의심하라! 의심은 비판적 사고의 뿌리이다.

★ 사적인 의심은 개인에게 영향을 주지만, 공적인 의심은 집단이나 국가, 세계에 영향을 끼친다. 사적인 의심과 공적인 의심은 서로 연관이 있을 수 있지만, 공적인 의심은 반드시 공개적인 토론을 통해 해소되고 해결되어야 한다.

★ 공적인 문제에 대한 논쟁은 합리적이어야 한다. 주장하는 바를 증명할 수 있어야 한다. 믿고 있는 사실을 주장할 게 아니라 사실을 주장해야 한다.

★ 삼단논법과 조건부 논법을 배우면 보다 명확하게 사고할 수 있다.

★ 오류는 속임수를 사용해 논쟁하는 것이다.

★ 비판적 사고의 궁극적인 목표는 누군가에게 승리하는 게 아니라 상대방의 주장을 이해하면서 협의에 이르는 것으로, 모두에게 이로운 방식으로 문제를 해결하기 위함이다.

Chapter 7
여기 책임자는 누구야?

비판적 사고를 할 때 가장 중요한 것은 권위에 대해 올바르게 이해해야 한다는 거야.
지난 수 세기 동안 인류는 권위를 획득하는 방식을 바꾸어 왔고, 권위를 비판하는 방식도 바꾸었어.

투명 인간 그리모드

알렉산드르- 발타자르- 로랑 그리모드 드 라 레이니에르라는 마늘 묶음보다 긴 이름을 가진 사람에 대한 이야기야. 여기서는 그냥 알렉산드르 그리모드라고 부를게.

그리모드가 태어나자 부모는 깜짝 놀랐어. 아기는 부모와 색이 다른 곱슬머리에 손이 기형이었거든.

부모는 아기가 이웃들 눈에 띄지 않게 꼭꼭 숨겼지.

그리모드가 태어난 18세기 중반은 아직 유전학에 대한 개념이 없었기 때문에 부모는 아들에게 최소한의 교육만 시키고, 마치 세상에 존재하지 않는 투명 인간처럼 대했어. 부모는 그를 매우 부끄럽게 여겼던 거야.

장난 한번 쳤을 뿐인데

그리모드는 프랑스 파리에 살고 있었는데, 부모가 그만 홀로 남겨두고 여행을 떠나자 친구들을 불러들였어. 자기만 빼고 놀러 간 가족이 야속하고 섭섭해서 그랬나 봐.

한창 친구들과 식사를 즐기고 있는데, 예고 없이 아버지가 돌아왔어. 뭐, 충분히 있을 수 있는 일이지. 그런데 단 한 가지, 그리모드의 대담한 장난이 엄청난 파국을 불러왔어. 테이블 상석은 늘 아버지 자리인데, 바로 거기에 사람처럼 한껏 옷을 차려 입은 돼지 한 마리가 앉아 있었던 거야. 아버지는 충격을 받았어. 아들이 자기를 어떻게 생각하고 있는지 깨달았던 거야. 그는 모욕감으로 치를 떨었어.

아버지가 그에게 달려들었을까? 아들에게 친구를 초대하지 말라고 금지했을까? 아들의 용돈을 끊었을까?

그 정도가 아니야. 그리모드는 즉시 경찰에 체포됐어. 그는 곧 상속권을 박탈당하고 감옥에 갇혔어. 장난 한번 쳤다고 그렇게 됐어. 프랑스 왕이 서명한 체포영장을 받아든 순간 그렇게 됐어.

프랑스 왕이 서명한 체포영장은 누구도 거스를 수 없었어. 영장을 받은 사람에게는 변명할 기회조차 주어지지 않았지. 판사도 관여할 수 없었어. 영장을 받은 사람은 재판도 거치지 않고 감옥으로 직행해야 했어. 무죄의 증거를 제출하거나 변호사의 도움을 받아 혐의를 벗는 경우는 절대로 있을 수 없었지. 성가신 이웃이 있다면, 바로 이 체포영장 한 장으로 머나먼 카리브해나 마다가스카르로 보내 버릴 수 있었다는 말이야. 정말 기가 막히지?

딸의 남편이 다른 계층 출신이라서 마음에 들지 않는다고 쳐. 부모가 이 체포영장 한 장만 구하면 결혼을 당장 무효로 만들어 버릴 수 있었어. 반대 상황도 가능해. 권력가인 귀족이 한 여성에게 마음이 끌렸다고 쳐. 그런데 그 여성은 이미 결혼한 상태야. 그럼 그는 당장 체포영장을 발부받아서, 그 여성의 남편을 지구상에서 영영 사라지게 할 수 있었어. 체포영장 앞에서 안전한 사람은 단 한 명도 없었어! 이것의 막강한 힘은 또 다른 부패를 낳았어. 체포할 사람의 이름만 빈칸으로 남긴 영장이 비밀리에 판매됐지. 이런 백지 체포영장은 프랑스 혁명을 촉발한 여러 원인 중 하나야.

도대체 왜, 왜 항상 지기만 하는 코치의 말을 들어야 하냐고?

이유를 몰라서 물어? 그 사람은 코치고 너는 아니잖아.

뭐래? 코치는 감독 친구라서 뽑힌 거야. 그걸 몰라서 그래?

지배자의 리더십

인구가 점점 늘어나자 도시가 생겼고, 이 도시들이 모여서 하나의 국가로 발전했어. 그러자 생존과 관련된 실용적인 리더십은 서서히 힘을 잃어버리고, 대신 국가를 수호한다는 명목 아래 통치자가 등장했지. 그 통치자는 권위적인 리더십으로 국민들을 지배하기 시작했어. 프랑스 체포영장은 통치자가 자신의 리더십을 얼마나 폭력적으로 행사했는지 보여주는 하나의 예야.

반란의 70년대

1970년대 초, 미국 뉴욕 거리에서는 사람들에게 권위를 의심하라Question Authority는 문구가 적힌 배지를 나눠주었어. 권위적으로 행동하는 자들에 대한 분노가 거세게 일고 있었지.

인류 역사에서 이런 일이 일어난 것은 처음이 아니야. 시기는 다르지만, 권위를 행사하는 권력자에 대해 의문을 품고 반발했던 사건은 많아. 하지만 과거에는 통치자인 왕이나 대통령에게 집중됐다면, 1970년대부터는 사회적 권위자로 떠오른 의사, 성직자, 교사, 사업가 등에게도 저항하기 시작했어. 직업이나 재능을 내세워 권위적 횡포를 부리는 사람들에게도 분노를 감추지 않았다는 거야. 그런데 거기에 여성 권력자는 단 한 명도 없었어. 왜 그럴까? 그때까지 여성은 지배층에 속하지 못했기 때문이야.

합법성과 정당성

대중의 도전을 받게 된 권위자들은 자신들이 **정당한** 권리를 가지고 있다면서 억울함을 호소했어. 자신은 법률에 따른 합법적인 권위를 가졌기 때문에 정당하다고 주장했지. 국민들은 분노했어. 국민들의 대응은 두 가지였어.

첫째, 그들이 말하는 합법적 권리는 그들 스스로 만들어 낸 것이라고 반발했어. 그 권리는 자신들에게 반대하는 사람이나 사회적 약자를 의도적으로 배제하고 만든 것이기 때문에 정당하지 않다고 받아쳤지.

둘째, 만약 그들이 합법적으로 권력을 취득했다고 해도 전쟁과 환경 파괴, 권력형 범죄자의 비호, 부정부패 등 국민에게 해악을 저지르고 있기 때문에 이미 그 정당성을 잃어버렸다고 지적했어.

20세기 후반에는 독재자는 물론 선출된 대통령조차 극렬한 비판을 받았다.

레오니트 브레즈네프

마오쩌둥

리처드 닉슨

아나스타시오 소모사 가르시아

샤를 드 골

가족의 형태가 단 한 가지가 아닌 것처럼
인종이나 성적 취향, 재산 및 국적 등의 이유로
특정 사람들을 배제하는 사회는 더 이상 존재할 수 없게 됐다.

캡슐을 뚫고 나오다

당시 권력자들에게 제기됐던 정당성에 대한 의문은 대부분 사실로 드러났어. 그런데 그들의 부당한 리더십은 이미 지난 수 세기 동안 끝없이 반복되어 온 문제야. 그런데 왜 1970년 대에 이르러서야 사람들이 갑자기 화를 냈을까?
인류학자 조지 M. 포스터는 그 이유를 이렇게 설명했어.

인간은 각각 계급이나 계층이 속한 그룹에서 살아가는데, 과거 각 그룹은 서로 교류하는 일이 없었다.
인간은 자신의 그룹 안에서 살고 있었다. 사회는 이것을 질서라고 했다. 그래서 당연히 인간은 다른 그룹의 사람을 부러워하거나 그러한 삶을 갈망할 필요가 없다고 믿었다. 인간은 자신이 가진 것(또는 가지지 못한 것)에 의문을 품지 않았다. 전지전능한 신 혹은 어떤 절대적인 힘이 분류해 놓은 것으로 생각했기 때문이다.

그런데 20세기 후반 전 세계적으로 교육이 보편화되고 라디오와 텔레비전 같은 대중 통신 기술이 발달하자, 인간도 점차 변화하기 시작했어. 마침내 인간은 자신이 원하면 무엇이든 할 수 있다는 확신을 갖게 됐지. 결국 인간은 자신을 둘러싸고 있던 단단한 캡슐을 뚫고 밖으로 나왔어. 권위는 이제 더 이상 지속 가능하지 않아. 도리어 타도해야 할 구태야.

패배자의 복수

볼리비아의 시장에서는 요즘도 괴상하게 생긴 인형을 팔고 있어. 그 인형의 얼굴에는 콧구멍이 거꾸로 붙어 있지. 이 인형은 사악한 존재, 악마를 상징한대. 볼리비아인이 말하는 악마는 원주민이 아닌 사람, 즉 유럽인이거나 유럽인의 피가 섞인 혼혈인을 의미해.

유럽인들이 아메리카 대륙을 정복할 때, 원주민들을 잔인하게 괴롭히고 학살했다는 사실은 잘 알 거야. 그래서 볼리비아 원주민 후손들은 그 참혹한 역사를 여전히 잊지 못해. 지금도 그들은 전 세계에서 온 관광객들에게 코가 뒤집힌 악마 인형을 열심히 팔고 있어. 사악한 승리자를 잊지 않기 위한 패배자의 은밀한 복수야.

전사의 시대

앞에서 이야기한 마스토돈 사냥꾼 기억나지?

그의 용기와 기술은 전설이 됐지만, 그를 뒤따르던 추종자들은 죽음에 이르고 말았다는 참담한 이야기!

만약 용기와 기술이 뛰어난 사람이 명령한다면, 다른 사람들은 그에게 복종해야 하는 것일까? 전투가 일상이었던 전사의 시대에는 그랬어.

문제는 그 전사가 용감하지만 사악하고, 잔인하고, 오만할 수도 있다는 점이야. 전사의 시대에는 전투 상황이 수십 년 동안 지속됐어. 전사들의 자부심과 허영심, 시기심이 끝도 없이 폭발한 시대이지.

용맹한 전사일수록 그와 그 후손들의 목소리가 컸을 거라는 건 의심의 여지가 없어. 그들은 자기 그룹 안에서 지도자와 왕, 파라오, 황제를 선출해 통치자로 내세웠어. 권력을 손에 쥔 통치자는 국민들에게 극단적인 충성심을 요구했어. 혹여 자신의 권위를 위협하면, 형제자매라도 즉각 제거해 버리는 패륜도 서슴지 않았어. 오늘날의 마약 조직과 비슷하지.

지도자의 유형

사람들을 복종하게 만드는 첫 번째 힘은 두려움이야. 오늘날에도 권위적 지도자들은 두려움을 퍼뜨려 사람들을 지배해. 그런데 용감하게 승리를 쟁취하는 한편 그에 따른 매혹적인 행동으로 사람들에게 감동을 주는 지도자들도 있어. 이들은 영웅적으로 행동하는데, 그것을 자연스럽게 보여주는 기술이

전사의 시대에는 전쟁광들이 권력자로 올라섰다.

매우 능숙해 대중의 감정적인 지지를 이끌어내지. 그들은 카리스마가 넘치는 지도자들이야.

또 아주 특별한 유형의 지도자가 있어. 그리스와 아이슬란드, 미국 원주민 사회에 실재하는 지도자들인데, 이들은 극히 소수야. 그들은 사람들을 두렵게 만들거나 매혹시키려고 애쓰지 않아. 그들은 겉으로 드러나지 않게 조용히 긴급하고 중요한 몇몇 문제만 해결해. 책임감 있게 일하는 효율적인 공무원의 모습이야.

오늘날 세계는 전사의 시대가 아니야. 지도자들도 전쟁광이 아니지. 그런데 왜 우리가 굳이 지도자의 유형을 알아야 할까? 세계는 여전히 권위적 지도자와 카리스마를 연출하는 영웅 놀이 지도자들이 절대다수를 차지하고 있기 때문이야. 그런 유형의 지도자들이 정부나 기관, 지역사회 여러 단체에서 일하고 있기 때문이야.

그래서 우리는 비판적 사고를 통해 지도자들의 유형을 파악하고, 그들을 올바르게 평가해야 해. 그가 이룬 목표보다는 그가 어떤 과정을 통해 성과를 거두었는지를 살펴봐야 하지. 거기에 초점을 맞춰서 분석하는 거야. 또 목표 달성 과정에서 빚어졌던 실수를 그가 어떻게 극복하면서 학습했는지 살펴봐야 해.

이 두 가지가 그가 어떤 유형의 리더십을 가졌는지를 결정짓는 가장 중요한 기준이야.

사람들은 문제가 생겼을 때, 아무런 희생 없이 신속하게 해결되길 바라. 그러나 이것은 비현실적이야. 그럼 지금껏 잘 유지되고 있는 사회나 단체는 문제가 전혀 발생하지 않았던 걸까? 아니면 그럴 때마다 영웅이 등장해서 위기를 해결해 준 걸까? 이것도 거의 불가능한, 비현실적인 가능성이야.

비판적 사고를 하는 사람들은 이 문제에 대해 이렇게 답했어. 가장 잘 오래 살아남는 사회와 집단이 얼마나 유연하게 대처했는지 주목하라고! 그들의 지도자는 위기가 닥칠 때마다 문제를 학습하고 유연하게 행동했어.

난 지도자들을 이해할 수가 없어.
고속도로나 공항, 발전소는 오염원이라고
엄청 난리를 치면서 공해로 덮인 도시와 바다가
아이들을 병들게 한다는 것에는
왜 아무런 관심이 없는지?

이유를 몰라서 물어?
지도자는 사람들에게 보여주는 게 가장 중요하거든.
눈에 보이는 걸 더 눈에 잘 띄게 만들어서
아픈 아이들을 가려 버리는 거야.

하지만 아이들이
더 중요하잖아?

우리는 투표권이 없잖아?
우리가 무슨 힘이 있다고!

남다른 외모 때문에 아버지와 가족에게 외면당한
그리모드는 다른 관점에서 사물을 보는 방법을 익혔다.
덕분에 새로운 시도를 한 최초의 기업가 중 한 사람이 됐다.

혁신가의 삶

벌써 알렉산드르 그리모드를 잊은 건 아니겠지? 그리모드는 루이 16세의 체포영장을 받고 감옥에 갇힐 뻔했는데, 다행히 낭시 근처 수도원으로 보내졌어.
수도원장은 그리모드만큼 먹는 것을 좋아하는 사람이었어. 수도원장은 그에게 수많은 비밀 요리법을 전수했지.

1789년 5월 프랑스 혁명이 터지자, 나라가 완전히 뒤집혔어. 국왕의 시대가 끝난 거야. 그리모드는 3년 만에 감옥에서 나올 수 있었지만 집으로 돌아가지 못했어. 가족이 그를 받아주지 않았으니까.
그의 처지를 동정한 친척이 그에게 돈을 조금 보내줬지. 그는 그 돈으로 먹거리를 생산자로부터 직접 구매해 몇몇 생활필수품과 함께 팔려는 생각을 했어. 여태껏 다른 사람들은 떠올리지 못했던 신선한 아이디어였어.
그는 자기 아이디어를 리옹 거리에서 실행했어. 사람들은 깜짝 놀랐어. 그는 세상에서 처음으로 식료품 가게를 발명한 사람이 됐지. 뒤이어 이와 비슷한 가게들을 여러 곳에 열었는데, 이것이 오늘날 체인점이라는 개념을 만들어 냈어. 그의 가게들은 초창기 슈퍼마켓의 형태야.
다시 시간이 흐르고, 그는 고향인 파리로 돌아왔어. 그는 참수형의 위기에 처한 어머니를 구해내고 극적으로 화해를 했지. 아버지는 이미 돌아가신 뒤였어.

당시 파리는 새로운 아이디어들이 넘쳐나고 있었어. 세계에서 처음으로 레스토랑도 생겼어. 그리모드는 레스토랑의 위치와 스페셜 메뉴를 소개하는 책자를 출간했어. 이것으로 그는 미식 가이드와 요리 평론가라는 개념을 발명한 최초의 사람이 됐어!
그는 쉬지 않고 새로운 아이디어를 떠올리면서 평생 동안 혁신가의 삶을 살았어.

아이디어가 넘치면

프랑스 혁명은 한 시대를 끝내고 새로운 시대를 불러왔어. 시대가 바뀌면 관습도 변하는 법이지. 철학자 리처드 로티는 이렇게 말했어.

우리는 선조들의 방식과 다르게 살고 싶어 한다. 그래서 새로운 아이디어에 마음을 활짝 열게 된다. 게다가 좋은 아이디어는 누구나 생각해 낼 수 있다. 특권을 가진 소수의 엘리트만 할 수 있는 게 아니다. 아이디어를 떠올리는 것은 그 사람의 권위와 아무런 상관이 없다.

사람들이 좋은 아이디어를 쉬지 않고 생산해 내면, 그들이 속한 국가나 사회는 활력이 넘치지. 사람들은 점점 더 유연해지고 적응력도 더 높아져. 그러면 가장 좋은 아이디어를 선택하고 실행할 수 있는 사람들이 자연스럽게 권위를 갖게 돼.
그럼 모든 문제가 끝난 걸까?

아니지! 위기는 늘 우리 곁에 숨어 있어. 새로운 문제는 늘 발생해. 이를테면 환경 파괴 문제나 기후 위기 같은 거. 이것을 **현대성**이라고 해.

변화는 끝없이 계속된다

오늘날은 현실이 정말 빠르게 변화하기 때문에 비판적인 사고를 하는 사람들은 더 열심히 공부해야 해. 독립적으로 생각하는 능력은 앞으로 점점 더 중요해질 거야.
그런데 이처럼 역동적인 시대에 무엇이 가장 좋은 아이디어인지, 무엇이 가장 나쁜 변화인지 판단할 수 있을까?
아무도 정답을 말할 수 없을 거야. 하지만 한 가지 확실한 기준은 있어. 인간을 포함한 모든 생명체가 지금보다 덜 고통받을 수 있는 세상을 향해 변화하고 혁신해야 한다는 거!
현대 사회는 문제가 발생하면 눈부신 속도로 개선할 수 있지만, 급격히 악화시킬 수도 있어. 새로운 기술이 주는 힘에 홀려 비판적 태도를 던져버리면 바로 그런 일이 일어나.

현대 사회는 한 가지 아이디어에만 권위를 부여하지 않는다.
여러 아이디어를 동시에 시도하거나 통합해서 문제 해결을 도모한다.

Chapter 8
디지털 시대의 비판적 사고

우리가 사는 21세기는 과학과 기술이 눈부시게 발달한 시대야.
스스로 생각하고 결정하는 일이 점점 어려워지고 있지. 소셜 미디어와 알고리즘, 가짜 뉴스, 인공 지능,
극단적인 개인주의 등등 인간의 자율적 사고를 방해하는 정보가 흘러넘치기 때문이야.
하지만 반대로 생각할 수도 있어. 오히려 풍부한 정보를 이용해 최선의 결정을 내릴 수도 있거든.

필요한 조건

니나의 말이 맞아. 비판적 사고는 성찰하고 분석하는 도구가 아니라 비판적으로 생각하는 행위 그 자체야. 비판적 사고는 필요할 때마다 서랍에서 꺼내 사용하는 줄자가 아니라는 말이지. 비판적 사고는 오랜 시간 몸에 익혀서 늘 실천해야 하는 삶의 기술이야. 비판적 사고를 하려면, 몇 가지 조건과 자질을 갖춰야 해.

필수 요소

미국 캘리포니아주에 있는 **비판적 사고를 위한 재단**은 몇 년 전 비판적 사고를 위한 필수 요소를 정의했어.

자율성
나 스스로 어떻게 생각하고
있는지를 살펴본다.

인내
자기가 믿는 바를 주장하지 못하게 막거나
망설이게 만드는 장애물이 있다. 그것이 무엇인지,
어떻게 극복해야 하는지를 합리적으로 생각한다.

용기
다른 사람들이 진실이라고, 믿으라고 요구하는 것을 그대로 받아들이지 않는다. 자신감 있게 내 주장을 제시한다.

공감
다른 사람의 마음을 알기 위해 노력한다. 그 사람의 입장을 이해하려고 애쓴다.

진실성
다른 사람에게 적용하는 비판의 기준을 나 자신에게도 동일하게 적용한다. 실수가 있다면 기꺼이 인정한다.

이성에 대한 신뢰
감성이 아니라 이성을 믿는다. 그러려면 지식을 쌓으면서 문제 해결 방안을 찾는 것이 최선이다.

겸손
나 자신의 지식은 한계가 있고, 실수도 있을 수 있다는 것을 인정한다.

공정성
주제나 신념과 상관없이, 모든 관점을 공정하게 바라본다.

비판적 사고의 적

인간은 원래 이성적으로 사고하는 능력을 갖고 태어났어. 그래서 다른 사람들의 생각과 행동을 통해 스스로 성찰하는 사람들은 늘 존재했어. 비판적 사고라는 개념이 어느 날 하늘에서 갑자기 뚝 떨어진 게 아니라 **인류의 문화적, 역사적 산물**이라는 이야기야.

인간이 사는 곳은 어디든 비판적 사고가 존재했어. 다만 그것을 지금처럼 비판적 사고라고 부르지 않았을 뿐이야. 도시와 사회, 국가가 발달하는 동안 인류는 비판적 사고의 형태를 조금씩 가다듬고 점차 특별한 의미를 부여하게 됐다는 거야.

물론 과거에는 현재보다 비판적 사고를 하는 사람들이 많지 않았어. 왜냐하면 그런 생각을 하면 목숨을 걸어야 하는 시대였기 때문이야. 칭기즈칸의 몽골 제국, 식민지로 전락한 라틴 아메리카, 나치 점령기의 독일이나 스탈린이 지배하던 러시아 등이 그랬지. 독재지들은 개인의 자율적 사고를 엄격하게 금지했어. 비판적 의견을 낸 사람들은 감금당하고 고문받다가 결국 죽음을 맞기도 했어. 과거에는 이처럼 절대권력을 쥔 지배자들은 비판적 사고를 적대시했어.

그럼 21세기에는 누가 비판적 사고의 적일까?
바로 인터넷이야.

웃기지만 오싹한 이야기

웃기면서도 소름 돋는 이야기 하나!
인터넷이 왜 신보다 위대한지 알아? 인터넷은 신처럼 전지전능할 뿐만 아니라 신보다 더 유능해. 무엇이든 묻기만 하면 당장 답을 해주거든! 진짜 멍청한 질문을 해도 늘 답을 해줘. 게다가 인터넷은 신과 마찬가지로 언제, 어디서든 널 지켜보고 있지.

그런데 사실 우리를 지켜보고 있는 것은 인터넷이 아니야. 국가의 정보기관과 개인 정보를 이용해 돈을 버는 기업들이지. 그들은 24시간 내내 우리를 감시 중이야. 이것은 신이 우리를 지켜보고 있는 것과 달리 굉장히 위험한 거야. 그 이유가 무엇인지 알아볼게.

카르마 폴리스와 인터넷 쿠키

2015년 영국 비밀정보국이 인터넷 사용자를 대규모로 감시하는 시스템 **카르마 폴리스**를 보유하고 있다는 사실이 세상에 알려졌어. 카르마는 불교에서 말하는 **업**이라는 의미의 단어인데, 업은 사람이 현생에서 한 행동이 미래나 다음 생에 영향을 미친다는 의미를 담고 있지.

카르마 폴리스는 개인의 정보를 수집해 특정 사건을 추적할 뿐만 아니라 그의 과거 행적을 바탕으로 미래에 어떤 행동을 할 것인지 예측하는 패턴을 돌출했어. 카르마의 의미 그대로 업을 패턴화한 거야.

기업들은 즉시 그 기술을 모방했지. 우리가 인터넷 사이트에 접속할 때마다 기업들의 **쿠키**가 화면에 뜨잖아? 그 쿠키의 진짜 목적이 무엇인지는 더 이상 말하지 않아도 쉽사리 짐작할 수 있지?

매일 사람들이 생산하는 정보는 국가와 기업의 이익이 된다. 그들은 개인 정보를 남용하고 사생활을 침해한 대가로 부당한 이익을 얻고 있다.

지도를 만드는 인간

불교 승려이자 시인인 존 타란트는 인간이란 지도를 만드는 존재라면서 이렇게 말했어.

인간은 자신이 만든 지도에 따라 살려고 하지만, 지도는 항상 시대에 뒤처진다. 인간의 삶은 너무 빠르게 움직이기 때문이다.

한 치 앞이 안 보인다

모든 것은 끊임없이 변화해. 그래서 우리가 만든 생각의 지도는 완벽할 수 없어. 늘 예상하지 못한 일이 벌어지니까. 우리는 항상 무엇인가를 조금씩 놓치면서 살고 있어. 이것을 불확실성이라고 해.

아르헨티나 작가 호르헤 루이스 보르헤스의 소설 《원형의 폐허들》에도 지도를 만드는 이야기가 나와.

우리와 평행한 우주에 존재하는 한 문명이 불확실성의 문제를 해결하기로 결단을 내리고 우리와 똑같은 지도를 만든다는 이야기야.

썰렁한 농담 같지? 맞아, 이건 정말 쓸모없는 짓이야. 그들 역시 지도를 만드는 순간부터 실제 현실과 동떨어진다는 것을 알게 될 테니까.

요즘은 아무도 새로운 지도를 만들자고 제안하지 않아. 정말 다행이야.

인공지능이 후보라고?

몇 년 전 러시아의 선거에 얼굴도, 이름도 알려지지 않은 정치인이 등장했어. 신인이 아니라 정말 얼굴이 없는 인물이었어! 몸이 없기 때문에 당연히 얼굴도 없었지. 혜성같이 등장한 이 정치인은 바로 앨리스라는 이름의 인공지능이야.

앨리스는 당신을 가장 잘 아는 후보자라는 구호를 내세우고 캠페인을 했어. 당선되지는 못했지만 무려 25,000표나 받았지. 민주주의는 문제 해결 방법을 가장 잘 아는 사람이 승리하게 돼 있어. 국민을 가장 잘 아는 사람이 승리하는 게 아니야. 국민이 곧 문제인 건 아니기 때문이지.

그런데 잠깐, 사실 우리가 문제인 게 아닐까?

다양한 정체성

지금까지 지구에 이렇게 많은 사람이 살았던 적이 없어. 니나의 말처럼 사람들은 모두 자신이 누구인지, 무엇을 원하는지 적힌 지도를 마구 흔들어대면서 아우성을 치는 것 같아.

그런데 마누의 말도 일리가 있어. 인간의 기본적 욕구는 거의 비슷해. 문제는 이런 기본적인 욕구 외에도 개인 나름의 특별한 욕구가 있다는 점이지. 무엇인가를 소유하고 싶다는 욕구뿐만 아니라 다른 사람이 되고 싶어 하거나 아예 다양한 정체성을 가지고 싶어 하는 사람도 있지. 다양한 정체성에 관해서 이야기했던 거 기억 나지?

지난 20세기부터 세상이 아주 급하게 변하기 시작하더니, 21세기에는 인간의 욕구가 훨씬 더 다양해졌어.

오늘날은 한 사람이 건축가와 운동치료사, 가수, 서퍼, 열성 팬으로 살 수 있어. 각각의 업무에 따른 활동 시간을 적절히 배분해서 다양한 정체성을 유지할 수 있지.

과거에는 왕이나 귀족, 특권층, 부자, 그리스 시민만이 여러 가지 일을 할 수 있었어. 평범한 사람들은 그런 여유를 부릴 시간이 아예 없었기 때문이야. 그들은 보통 하루 12시간에서 14시간 동안 노동을 했어. 종교의식도 빼먹을 수 없는 의무였고. 전쟁이 터지면 무조건 참전해야 했고, 일자리를 잃으면 굶주림에 시달리는 날도 많았어.

디지털 세계에서는 자신과 다른 대체 정체성인 아바타도 가질 수 있다.

불가능한 이상 세계

정체성이 다양해지면 당연히 서로 모순된 욕구가 충돌해. 욕망은 스스로 확장하려는 성향이 있거든. 바다에 가려고 고속도로를 이용하지만, 차가 막히지 않기를 바라지. 달콤한 음료수를 입에서 떼지 않으면서도 당뇨병에 걸리는 건 바라지 않지.

이제 이것이 비판적 사고와 어떤 관련이 있는지 살펴보고 매일 점점 더 확장되고 있는 알고리즘과 넛지의 세계를 방문해 보자!

거품처럼 부푸는 거짓말
알고리즘이 점령한 시대

쉬운 설명

알고리즘은 정보를 처리하는 방법을 알려주는 규칙을 모아 놓은 것이다. 예를 들어, 요리법은 알고리즘으로 이루어져 있다.

어려운 설명

알고리즘은 명확하게 정의된 계산 문제를 풀기 위한 특정 절차이다. 즉 계산으로 해결할 수 있거나 숫자로 변환할 수 있다.

요정들이 남몰래 세상을 통제하고 있는 걸까? 니나가 음모론자라면 그렇게 믿을 것이다.

음모론자의 역설

소셜 미디어를 소유한 회사들은 우리가 팔로우한 사이트의 성향에 따라 참여 가능성이 높은 모임과 이벤트를 선별해서 보여줘. 우리의 데이터를 활용해 만든 알고리즘을 이용하는 거지. 이런 방식으로 **좋아요**의 거품을 점점 더 크게 만들고, 같은 생각과 욕구를 공유하는 사람들끼리 하나로 뭉치게 만드는 거야. 다른 생각을 하는 사람들과는 점점 더 거리가 멀어지지. 여기서 가장 큰 문제는 비판적 사고가 사라지는 것과 함께 거품 그룹이 점점 더 양극화된다는 거야.

음모론자의 역설이 등장하는 것은 바로 이때쯤이야. 음모론자는 이야기 편향에 빠진 사람으로, 세상의 모든 문제를 매우 단순한 이야기로 설명하는 특징이 있어. 음모론자는 음모를 꾸민 자들이 각각의 그룹을 비밀리에 통제하고 있다고 퍼뜨리는 거지.

이탈리아의 과학자 월터 콰트르치오키는 음모론자에 대해 이렇게 말했어.

사람이나 정보가 조작되는 것을 가장 걱정하는 음모론자들이 오히려 더 거짓 정보를 생산하는 출처와 빈번히 상호작용을 한다. 이것은 결국 그들 스스로 거짓 정보에 조종당할 확률을 높인다. 음모론자의 역설이다.

그럼 우리가 접한 뉴스와 정보가 진실인지 거짓인지를 어떻게 알 수 있을까? 구별할 방법이 있을까?

누가 이기는지 보자

음모론자들이 가짜 뉴스를 퍼뜨리는 방식은 거의 같아. A라는 사건이 일어나고 있다고 떠들지만, 사실 어떤 일이 일어나고 있는지 그들도 정확히 알지 못해. 그들은 사실을 전하는 게 아니라 거짓말을 전달하고 있지. 그 거짓말은 청각적일 수도 있고 시각적일 수도 있어. 알고리즘은 신경망이라고 부르는 매우 정교한 도구로, 실제와 거의 구별할 수 없는 유사 이미지와 동영상, 소리까지 조작할 수 있지.

어떻게 이런 일이 가능하냐고?

2014년 캐나다 프로그래머인 이안 굿펠로우는 두 개의 알고리즘이 서로 경쟁하는 기술을 발명했어. 먼저 생성 알고리즘으로 사람이나 새끼 고양이, 편지 등의 이미지를 만들었어. 그리고 감별 알고리즘으로는 생성 알고리즘으로 만든 이미지를 실제와 비교하면서 그것이 참인지 거짓인지 판단하게 했어. 생성 알고리즘과 감별 알고리즘이 서로 경쟁하게 만든 거지. 한쪽이 이기면, 다른 한쪽은 지는 게임처럼! 그래서 이것들을 **생성적 적대 신경망** 또는 **적대적 신경망**이라고 해.

그런데 상상하지 못했던 우스운 일이 일어났어. 굿펠로우는 생성 알고리즘에 새끼 고양이 사진을 굉장히 많이 제공했어. 그러면 혹시 이 세상에 존재하지 않는 특별한 고양이를 만들어낼지 모른다고 생각하면서.

굿펠로우가 고양이 사진이 너무 여러 장이라 헷갈릴까 봐 사진 가장자리에 작게 일련번호를 적어 놓았는데, 생성 알고리즘은 그 숫자까지 고양이의 일부로 착각해 아주 괴상한 이미지를 만들어 냈어. 생성 알고리즘은 털에 숫자가 박힌 고양이를 생성해 낸 거야!

이런 능력은 나쁜 일에 이용될 수 있어. 무고한 사람도 범죄자로 몰아갈 수 있거든. 어느 문서든 감쪽같이 위조할 수 있으니까.

 →

가짜 뉴스를 구별하는 법

이제 직접 보고 듣는 것만 가지고는 진실과 거짓을 구별하기가 어려운 세상이야.
화면에 보이는 이미지들이 진짜인지 가짜인지 판단하기가 너무 힘들어.
그럼 우리는 어떻게 진실을 찾아내야 할까?
걱정하지 마! 거짓이 의심될 때 적용해 볼 수 있는 7가지 팁이 있어.
혹시 누가 네게 가짜 뉴스를 믿는다고 비난할 때, 이 팁들을 적용해 봐.

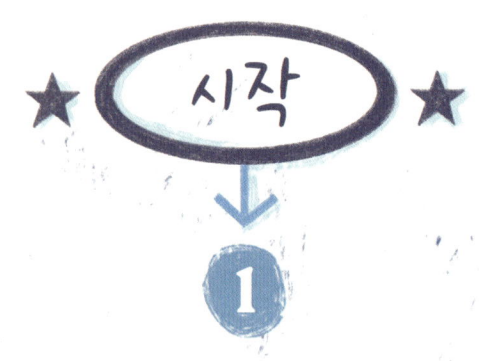

1

제목에 현혹되지 마라!
대체로 제목은 본문에 나오지 않는 내용이다.
반드시 본문을 읽어본다.

2

작성자가 누구인가?
가짜 뉴스는 대체로 작성자의 이름이 보이지 않는다.
가짜 뉴스는 정식으로 발행한 뉴스가 아니라 다른 뉴스 사이트에서 자기주장을 뒷받침할 만한 일부 내용을 따오거나 개인 블로그 글에서 인용한 것이 대부분이다.
작성자의 이름이 있는 경우도 반드시 누구인지를 확인한다. 이름이나 직책, 직업 모두 가짜일 가능성이 높다.

3. 주요 정보를 확인하라

과거에 발생한 사건이라고 주장하면서 주요 인물과 날짜를 밝혔다면, 반드시 구글 같은 검색 엔진을 이용해 아래와 같은 사항을 확인한다.

4. 전문가에게 문의하라

최첨단 기술에 대한 주장을 펼칠 때는 반드시 의심해야 한다. 전문가에게 문의해 사실을 확인한다.

자신을 과학 전문가라고 칭하면서, 다른 전문가들이 자신을 박해하면서 진실을 숨긴다고 주장하는 사람이 있다. 이런 경우, 반드시 의심해야 한다. 전문가로 위장한 사기꾼일 확률이 매우 높다.

무엇을? 누가? 어떻게? 언제?

믿을 수 있는 출처

5. 바이럴은 절대로 믿지 마라

극적인 가짜 뉴스는 진실보다 백만 배 더 빠르게 퍼진다. 먼저 사실 확인을 한다.

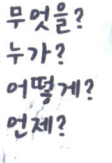

7. 사진과 비디오, 오디오 파일은 얼마든지 조작할 수 있다

반드시 출처를 찾아본다.
SNS에서 찾은 정보라면 의심해야 한다.

6. 미친 소리처럼 들린다면, 가짜일 가능성이 높다

정식 언론에서는 다루지 않는 뉴스인데, 소셜 미디어에서만 화제인 뉴스는 거짓일 가능성이 높다. 감히 상상할 수 없는 이야기도 거짓일 가능성이 높다.

증거가 없다는 증거를 대라고?

마누는 비판적 사고를 하지 않았어. 증거가 없다는 것을 증거로 쓸 수 없다는 것쯤은 알아야 해. 음식 냄새가 안 난다고, 음식이 눈앞에 보이지 않는다고 요리를 전혀 하지 않는 집이라고 단정할 수 없거든. 다시 한번 강조하는데, 특별한 주장에는 반드시 특별한 증거가 있어야 해.

그런데 사람들은 왜 증거가 전혀 없는, **도저히 믿을 수 없는 것**을 믿을까? 왜 그럴까?

그것을 믿으면 자신에게 이로운 점이 있기 때문이지.

인터넷 세상의 문제

대부분 사람은 외계인이 신분을 숨긴 채 지구를 통치하고 있다는 이야기를 믿지 않아. 그럼 이 말을 믿는 사람은 어떤 사람들일까?

그들은 자기가 엄청난 비밀을 알고 있는 극소수의 현명한 사람들 중 하나라고 생각해. 대부분의 사람들은 어리석어서 그 사실을 믿지 못하고 부정한다는 게 포인트지. 그들은 자신이 남들보다 지혜로우며, 뛰어난 사람이라는 자부심을 느껴. 가짜 뉴스를 믿으면 얻을 수 있는 상대적 우월감이지.

과거에는 이런 가짜 뉴스는 그저 광기로 취급하고 무시하면 그만이었어. 그런데 디지털 시대로 넘어오자 문제가 심각해졌어. 인터넷이 전 세계를 하나의 마을처럼 연결했기 때문이야. 별거 아닌 가짜 뉴스 하나가 온 세상을 덮치는 태풍으로 변할 수 있지. 수십 명이 아니라 수천만 명의 사람들이 외계인의 통치를 사실로 믿을 수도 있게 됐어. 심지어 그들 중 몇천 명은 외계인과 맞서 싸우겠다면서 일상생활을 버린 채 전투 부대를 결성할 수도 있지.

정부는 모든 것을 알고 있다

인터넷과 소셜 네트워크 시대가 불러온 이러한 문제들에 대해, 정부는 두 가지 해결 방안을 제시했어. 아이러니하게도, 정부 역시 음모론자들과 마찬가지로 인터넷과 소셜 미디어를 통해서 해결책을 발표했어.

첫 번째, 정부는 가능한 한 많은 정보를 수집해 모니터링하고, 그에 따라 불온한 사람들을 미리 파악해 대처하겠다고 했어. 국민의 안녕을 위한다는 명목으로 국가는 슈퍼컴퓨터로 방대한 양의 정보를 합법적으로 수집하겠다는 선언이지. 그런데 생각해 봐. 국가는 우리 정보를 속속들이 다 알게 되지만, 우리는 정부 기관에 관해 아무것도 알 수 없어. 슈퍼컴퓨터와 일반인의 정보력은 비교가 불가능하니까.

당근과 채찍

두 번째 해결책은 넛지nudge인데, 이것은 암시한다는 뜻이야. 대중을 설득하기 위한 교묘한 기술이지.

즉 정부는 사회적으로 더 이로운 조처를 하겠다고 선언했어. 국민이 아니라 정부가 나서서 국민에게 무엇이 더 이익이 되는지, 그 기준을 정한다는 이야기야.

이것은 마치 직원이 얼마나 이기적인지 또는 이타적인지를 평가하고, 그에 따라 점수를 주거나 뺏는 것과 비슷한데, 문제는 평가의 기준을 회사가 정한다는 거야. 그럴싸해 보이지만 이것은 옳지 않아. **당근과 채찍**이라는 우화를 떠올리게 하는 일이야.

정부의 결정을 받아들이지 않는 사람에게는 채찍을 휘둘러 마구 괴롭히고 공격해도 된다는 암시가 깔려 있거든.

주말 밤에는 불법 사이트에서 TV 시리즈를 볼 거야. 그럼 할인 포인트를 엄청나게 쌓을 수 있어. 새 운동화를 살 때 그걸 쓸 생각이야.

와, 넌 정말 한심해!

하하! 누나는 진짜 유머 감각이 꽝이야. 환경운동가들이 누나의 포인트를 빼앗았으면 좋겠어. 유머 감각이 없다는 죄로!

인간의 삶

사람들은 삶이 사과나 복숭아 같다고 생각해. 사과나 복숭아의 속살처럼 매우 가치 있고, 신비하고, 소중하고, 특별한 시간이 이어질 거라고 생각해. 하지만 인생은 양파나 수박과 더 닮았어. 양파 속은 겹겹이 쌓여 있어서 까면 깔수록 속이 무엇인지 알 수 없고, 수박 속은 씨앗들이 점점이 박혀서 먹기가 괴롭지. 인생은 늘 난관을 거치면서 나아가는 거야.

더 나은 삶을 살기 위한 도구들

사람은 단순하게 결정하는 경향이 있어. 지나치게 단순화된 것을 즉시 알아차릴 수 있다면 나쁘지 않아. 비판적 사고를 통해서 판단할 수 있다면 괜찮지.

만약 비판적 사고를 하지 않은 채 단순하게 살면 어떻게 될까? 우리 삶의 터전인 지구의 환경을 망치고, 다른 사람들에게 해를 끼치고, 결국 우리 자신이 매우 불행해질 거야.

사실 비판적 사고를 하는 사람들은 별로 인기가 없어. 얼핏 꼬투리나 잡는 사람, 부정적인 사람으로 보이기 때문이야. 반면 단순하게 생각하는 친구는 긍정적으로 보이기 때문에 누구나 다 좋아해.

하지만 생각해 봐. 지금 우리가 누리고 있는 혜택들이 누구의 덕인지! 1주일에 이틀을 편히 쉴 수 있는 것, 체벌을 하지 않는 학교 등은 비판적 사고를 한 사람 덕분에 생긴 혁신이야. 비판적 사고를 하면, 우리 힘으로 개선해야 할 점이 많다는 것을 알게 돼.

비판적 사고를 한다는 것은 가치 있는 일이야. 너와 다른 생각을 하는 사람들을 두려워하지 마. 그들을 존중하면서 당당하게 토론을 펼쳐! 너는 지구의 환경을 지키고, 다른 사람들을 구하고, 너 자신을 스스로 지키는 용감한 사람이야.

어때, 생각만 해도 멋지지?

아담과 이브의 불행은 지식의 열매를 먹으면서부터 시작됐다. 안다는 것은 사람과 사물을 객관적으로 바라본다는 의미이다. 오늘날 인간은 또 다른 것도 알게 됐다.
a) 지식을 얻는 방법이 다양하게 존재한다는 것!
b) 지혜는 데이터와 거의 관련이 없다는 것!

세상은 비판적 사고를 하는 사람이 꼭 필요해.
우리 모두 함께 배우자!

책 속의 용어들

주장
어떤 생각, 행동 또는 이론을 지지하는 것을 말한다. 논리학에서 주장은 결론을 뒷받침할 수 있는 두 가지 전제가 있어야 하는데, 그것에는 반드시 명확한 증거가 있어야 한다.

논쟁
서로 다른 의견을 가진 사람들이 각각 자기의 주장을 말이나 글로 논하여 다투는 것이다. 자신의 입장과 믿음, 아이디어를 내세우면서 상대방을 설득하려고 애쓴다. 자기의 주장을 받아들여야 하는 이유를 제시하면서 토론한다.

권위
지위와 지식, 선택, 또는 경험을 인정해 부여한 힘으로, 사람이나 조직이 지닌 권력을 말한다. 정치학에서 권위는 다른 사람들을 대신해 선택하고 명령을 내릴 수 있는 힘이다. 대중은 이러한 권위에 복종할 의무를 진다.

비평가
사람이나 행동, 물건, 사회 등을 세심하게 분석하고 관찰해 평가하는 사람이다. 비평가의 가치 기준은 항상 객관적이고 독립적이어야 한다. 하지만 종종 주관적인 감정이 담긴 의견을 합리적인 분석처럼 포장하는 비평가들이 많은데, 그들의 이러한 불공정 행위는 이해관계에 큰 영향을 끼친다.

해리성 인격장애
한 사람이 두 개 이상의 정체성을 가지고 있는 경우를 말한다. 각각의 정체성은 서로 다른 시간에 나타나 그의 행동을 완벽하게 통제한다. 따라서 각각의 인격은 서로 공존하는 상대의 정체성과 행동을 기억하지 못한다. 기억상실 증상이 균등하게 나타나기 때문이다. 그러나 변칙적으로 나타나는 경우, 다른 정체성이 저지른 행동을 알 수도 있다.

가짜 뉴스
얼핏 객관적인 진실처럼 보이지만, 사실을 왜곡해 편향적으로 전파되는 거짓 뉴스를 말한다. 가짜 뉴스는 보통 누군가의 이해관계와 밀접하게 연결되어 있다. 그러나 대부분은 고의로 숨겼던 실체가 폭로되면서 연기처럼 사라진다.

오류
거짓이나 오해를 불러일으키는 주장으로, 얼핏 보면 일관성 있고 현실에 근거한 것처럼 착각할 수 있다. 그런데 일부러 오류를 이용하는 나쁜 사람들이 있다. 언어나 데이터의 허점을 악용해 대화나 토론을 왜곡시키는 사람들이다.

가설
이미 취득한 정보들을 사용해 세운 가정이나 진술 또는 설명을 말한다. 가설은 최근 새롭게 얻은 데이터를 바탕으로 한 폭넓은 검증이 필요하다.
특히 과학 분야에서 가설의 정의는 매우 엄격하다. 과학적 가설은 이미 관찰된 현상이나 정의한 문제에 대해 잠정적으로 설명하는 것인데, 뛰어난 연구자들은 다양한 방법을 동원해 가설을 진리로 확정하기 위해 노력한다.

인공지능(AI)
인간의 지능이 수행할 수 있는 학습, 추리, 적응, 논증 등의 기술을 갖춘 컴퓨터 시스템이다. 미국의 과학자이자 인공지능의 선구자인 존 매카시는 아래와 같이 인공지능에 관한 기술적 정의를 내렸다.
"첨단 과학과 공학이 협력해 인간과 같은 지능을 가진 기계를 만드는 컴퓨터 프로그램."

합법성
개인이나 집단이 가진 권위와 권력이 온당하게 받아들여지려면 합법적이어야 한다. 합법성은 그들이 권위를 행사하기 위해 반드시 갖춰야 하는 조건이다. 합법성을 얻기 위해서는 집단, 단체, 회사 또는 국가에서 만든 규칙이나 법에 따라야 한다.

넛지(nudge)
슬쩍 찌른다는 뜻의 영어 단어에서 유래한 말로, 원하는 행동을 끌어내기 위해 보상을 제시하면서 그들의 결정이나 판단에 간접적인 영향을 미치는 것을 의미한다. 그들의 행동에 대해 의문을 제기하거나 금지를 하는 대신 자신이 원하는 행동을 하도록 슬며시 부추기는 것이다. 예를 들면 동료, 친구, 가족 등에게 우호적인 압박 즉 부드러운 간섭을 행사해 자신이 원하는 방향으로 선택하도록 유도하는 것이다.

편견
사실로 증명할 수 없는 불완전한 증거를 바탕으로 한 의견이나 믿음이다. 대부분 부정적이고 감정적인 생각들이다. 편견이 강한 사람은 자신의 믿음이 실제와 다르다는 것이 밝혀져도 진실을 받아들이는 것에 어려움을 느낀다.

페어플레이
상대방 또는 집단의 의견을 이해할 수 없거나 의구심이 들더라도 일단 그들이 주장하는 바를 경청한다. 논쟁에서 가장 중요한 점은 그들의 주장을 무조건 반박하는 것이 아니라 내 주장과 합의할 수 있는 요소를 찾는 것이다.
또한 주장의 핵심에만 집중해야 한다. 상대방의 사소한 오류를 물고 늘어지는 논쟁은 무의미하다.

공공
국가나 사회의 구성원 모두에게 관계가 있는 것을 말한다. 예를 들면 '공공장소'는 모든 사람들이 함께 사용할 수 있는 장소이다. 이 책에서는 집단, 사회, 도시, 또는 국가 구성원들의 일상에 영향을 주는 공동의 이슈나 문제, 해결과제 등을 이야기할 때 사용했다.

간접적 호혜
직접적으로 접촉한 적이 없는 사람들 사이에서 이루어지는 협력과 연대이다. 주변인들의 평판을 사회 구성원 다수가 인정하는 사회라면 가능한 일이다.

평판
어떤 물건이나 사람에 대해 가지고 있는 의견이다. 이 의견은 진실일 수 있지만, 거짓이거나 왜곡된 것일 수도 있다. 평판은 아주 사소한 사건이나 헛소문으로 만들어질 수도 있기 때문이다. 도덕적 평판은 그 사람의 행동이 선하다고 인정받는 정도에 따라 결정된다.

마음이론
그 사람이 겉으로 표현하지 않아도 그의 생각이나 감정, 의도를 추측하고 이해하면서 가설을 세우는 능력이다.

비극
고통이나 죽음을 포함한 매우 슬픈 사건을 말한다. 특히 예상하지 못했거나 불공평하게 닥치는 슬픈 사건일 경우, 비극을 한층 극적으로 만든다. 원래 연극 예술의 한 형식으로, 등장인물과 주변인들에게 끔찍한 결과를 초래하는 일이 발생하게 된다. 관객들은 경악하지만 공감하면서 동정심을 느낀다.

산족
남서아프리카의 유목 혹은 반유목 부족이다. 산족은 여성과 남성 간의 관계가 평등하며, 사유재산을 축적하지 않는다. 그들은 협력과 유대 관계 형성에 인생의 대부분을 할애하는 평화로운 부족이다. 인류 역사상 가장 오래된 부족 중 하나로, 유럽인들은 피그미족이라고 불렀다.

편향
사고나 믿음의 오류를 말한다. 어떤 집단, 사물 또는 아이디어에 대해 긍정적 또는 부정적인 의견이 영구적으로 자리잡은 것이다. 대부분 대상을 처음 인식하거나 인지하는 과정에서 자연스럽게 발생한다.

삼단논법
두 가지 전제와 하나의 결론으로 이루어진 논증 방법이다. 결론은 증명할 수 있는 두개의 전제에서 도출된 것이므로 절대로 변동될 수 없다.